AF452212

LE
RAILWAY NATIONAL

DE BELGIQUE,

ou

Analyse comparée

DU COMPTE-RENDU SUR LES CHEMINS DE FER BELGES, PRÉSENTÉ LE 12 NOVEMBRE 1839, AUX CHAMBRES LÉGISLATIVES, PAR M. NOTHOMB, MINISTRE DES TRAVAUX PUBLICS DE BELGIQUE.

INTRODUCTION

A UN COURS POPULAIRE DE CONSTRUCTION ET D'EXPLOITATION DES RAILWAYS EN GÉNÉRAL,

PAR DÉSIRÉ TACK,

INGÉNIEUR MÉCANICIEN A GAND.

PREMIÈRE PARTIE,

MATÉRIEL DES TRANSPORTS; FRAIS DE CONSTRUCTION DES SECTIONS EN EXPLOITATION ET EN COURS D'EXÉCUTION AU 12 NOVEMBRE 1839.

GAND.

IMPRIMERIE DE F. C. BACKELJAU,
Rue Mont-au-Chaume, n° 3.

1840.

LE RAILWAY NATIONAL

DE BELGIQUE.

LE
RAILWAY NATIONAL

DE BELGIQUE,

ou

𝕬nalyse comparée

DU COMPTE-RENDU SUR LES CHEMINS DE FER BELGES, PRÉSENTÉ LE 12 NOVEMBRE 1839, AUX CHAMBRES LÉGISLATIVES, PAR M. NOTHOMB, MINISTRE DES TRAVAUX PUBLICS DE BELGIQUE.

INTRODUCTION

A UN COURS POPULAIRE DE CONSTRUCTION ET D'EXPLOITATION DES RAIL-WAYS EN GÉNÉRAL.

PAR DÉSIRÉ TACK,

INGÉNIEUR MÉCANICIEN A GAND.

PREMIÈRE PARTIE.

MATÉRIEL DES TRANSPORTS ; FRAIS DE CONSTRUCTION DES SECTIONS , EN EXPLOITATION ET EN COURS D'EXÉCUTION AU 12 NOVEMBRE 1839.

GAND.

IMPRIMERIE DE F. C. BACKELJAU,

Rue Mont-au-Chaume, n° 3.

—

1840

Avant-propos.

Le compte-rendu des travaux publics exécutés en Belgique de 1830 à 39, ou rapport présenté aux chambres legislatives le 12 novembre 1839, par M. Nothomb, ministre des travaux publics, ne reçut l'extension de publicité convenable et requise, pour un ouvrage de cette importance pour le pays, que dans les premiers jours de février 1840, où il en fut mis en vente une seconde édition spécialement destinée au public (¹).

L'auteur entreprit immédiatement l'analyse comparée de ce document, principalement en ce qui concerne le railway national. Dès les premiers jours de mars, son travail avait déjà assez de développement pour que les premières parties pussent en être livrées à la publicité. Le *Messager de Gand* voulut bien lui ouvrir ses colonnes; et la longueur et les difficultés typographiques des sept articles qui furent publiés dans le *Messager,* et qui sont textuellement reproduits dans cet écrit, prouvent l'importance que la feuille gantoise attachait à la révélation des turpitudes dont l'analyse du document Nothomb fournit des preuves par trop flagrantes. Mais bientôt le travail prit trop d'extension; et il survint des circonstances imprévues d'abord, qui en rendirent impossible la publication par voie de journal. Outre les obstacles majeurs que le cadre-journal opposait à cette publication, il survint de longues répliques, opposées à tort et à travers aux allégations de l'auteur par l'administration du chemin de fer, et par

(¹) Bruxelles, Vᵉ H. Remy, rue Notre Dame aux Neiges.

ses amis; et ces répliques, toutes signifiées par huissier, et où l'on se gardait bien d'aborder le fond de la question, devaient infailliblement finir par devenir *assommantes* pour le *Messager* et ses lecteurs. Force nous fut donc de renoncer à la publication de nos articles dans *le Messager;* et, de commun accord avec sa rédaction, il fut convenu de continuer la publication de l'analyse du compte-rendu Nothomb, dans une brochure publiée par voie de souscription.

C'est celle que nous présentons ici au public. Elle a principalement pour objet l'analyse du document-Nothomb, en ce qui concerne les dépenses pour le matériel des transports en voitures, locomotives et dépendances existant au 12 novembre 1839; les frais de construction des treize sections telles qu'elles existaient à cette époque, enfin les dépenses faites pour la construction des sections alors en voie d'exécution. ⁂

La brochure forme ainsi la *première partie* d'un travail complet que nous nous proposons de publier sur le railway national, travail qui, par continuation, embrassera l'examen des sacrifices que la Belgique aura encore à s'imposer pour parfaire sa grande œuvre nationale, son réseau de chemins de fer; les moyens de réduire ces sacrifices *à leur moindre expression;* les mesures les plus propres à faire rentrer au trésor une bonne partie, du moins, des capitaux dilapidés, et *à faire rendre gorge aux Verrès de nos chemins de fer;* l'examen des recettes, telles qu'elles paraissent s'être effectuées jusqu'ici, d'après le compte-Nothomb; enfin les frais d'exploitation et d'administration, et l'exposition des perfectionnemens importans à introduire dans la marche administrative du railway national.

La tâche que nous nous sommes imposée, est rude; nous en concevons toute l'étendue, toute la gravité. Mais, ce qui nous donne l'espoir d'en sortir avec honneur pour nous, avec d'importans avantages pour le pays, c'est que nous sommes certain de ne marcher dans le plan que nous nous sommes tracé, qu'appuyé des données théoriques et pratiques les plus exactes, les plus authentiques dans ces matières si neuves encore en Belgique. Le soin que nous avons eu de ne baser nos calculs et nos démonstrations que sur la plus simple arithmétique, mettra notre œuvre à la portée de toutes les intelligences. Ce sera en quelque sorte une introduction à un *Cours populaire de construction, d'exploitation et d'administration des railways en général.*

L'exposé de notre plan et l'importance des avantages que le pays retirera du succès, si nous sommes assez heureux pour mener notre œuvre à bonne fin, suffirait déjà, nous le croyons, pour prouver à nos lecteurs que ce plan ne saurait être l'œuvre d'un homme qui n'obéit qu'à ses rancunes, qu'au mesquin dépit d'*un pauvre solliciteur désappointé*, comme M. Masui, directeur-général des chemins de fer en Belgique, s'est efforcé de le faire accroire, si les réfutations opposées par l'auteur aux allégations de ce fonctionnaire, n'offraient déjà les preuves les plus certaines de la sincérité de ses assertions.

Néanmoins la polémique à laquelle nos réfutations ont donné lieu, doivent prouver à nos lecteurs que l'administration du railway belge, à défaut de solides et bonnes raisons à opposer aux révélations qui *jaillissent d'elles-mêmes de notre travail*, cherchera, par tous les moyens possibles, à en dénigrer, à en calomnier la source, aux fins d'induire le public en erreur, et d'en imposer à sa bonne foi. Aussi pour donner le moins de prise possible à la malveillance, pour prévenir qu'elle ne puisse réussir en torturant le titre de notre brochure à lui faire friser le pamphlet, nous avons cru devoir lui donner un titre plus spécial, plus approprié à la gravité de la matière, que celui donné d'abord aux articles qui parurent dans le *Messager de Gand*. Ceux-ci seuls, seront insérés tels que le journal les a donnés; ils forment le premier chapitre de cet écrit. Dès le second chapitre, nous reprendrons en tête le nouveau titre que nous avons cru opportun, de concert avec la rédaction du *Messager*, de donner à notre travail.

INTRODUCTION [1].

Un coin du voile qui couvre les irrégularités, pour ne pas dire les turpitudes, de l'administration du chemin de fer, a été soulevé au mois de janvier dernier, à propos de la discussion du budget des travaux publics, alors que l'affaire du sable de mer donna lieu à des révélations si édifiantes : ce voile ne pourrait-il pas être déchiré tout entier ? La chose est à désirer sans doute et, pour sa part, le *Messager de Gand* va y contribuer de tous ses efforts.

Il y a eu des dilapidations dans la fourniture du sable de mer : c'est là un point bien prouvé. Ce que le pays a appris à cet égard a dû nécessairement lui faire soupçonner d'autres dilapidations, bien autrement graves, commises dans la même administration; mais faute d'éclaircissemens et de renseignemens positifs dans cette matière encore tout neuve chez nous, force lui a été de se borner à une conviction vague.

On n'avait pas oublié d'ailleurs qu'une scission avait éclaté entre MM. de Theux et Nothomb, au commencement de la session actuelle, et des journaux ayant affirmé à cette occasion que de *grandes irrégularités* existaient au département des travaux publics, et les feuilles ministérielles n'ayant que faiblement refuté cette accusation, le public en tira des conclusions peu favorables à M. Nothomb, conclusions auxquelles l'affaire du sable vint donner une sorte de sanction.

Toutefois les révélations et les débats de cette époque n'avaient point eu de suite. Comme il n'arrive que trop souvent en Belgique, après avoir

(1) *Messager de Gand*, du 11 mars 1840.

été assez vivement impressionnés, le pays et la presse retombèrent dans la torpeur. Deux mois à peine se sont écoulés depuis que cette affaire a été mise bruyamment sur le tapis et déjà on n'en entend plus parler.

En ceci le pays et la presse ont tort.

S'ils sommeillent eux, il n'en est pas de même du ministre et de ses affidés. Ceux-là se remuent et agissent. Le rusé Nothomb et ses amis se mettent en devoir de faire à la Belgique une nouvelle saignée de millions, sous prétexte d'achever les travaux du chemin de fer. Et cette fois-ci, pour atteindre sûrement leurs fins, le ministre met en *adjudication préalable* toutes les sections à achever; puis, comme il l'a fait lors de la saignée de 37 millions de francs en mai 1838, à la fin de la session, lorsque nos bons représentans, déjà fatigués, aspirent à regagner leurs foyers sans plus de retard, il viendra dire au pays : Voici les millions qu'il me faut pour achever vos chemins de fer; refuser n'est plus possible, tout est adjugé. Nos chambres devraient bien enfin, lorsque M. Nothomb viendra présenter ses comptes et en réclamer le paiement, les examiner d'un œil attentif et régler une bonne fois avec lui.

C'est que dans les affaires de ses chemins de fer, la situation est des plus graves, des plus extraordinaires pour la Belgique. En Angleterre, en France, en Amérique, partout enfin, les entreprises de railways présentent aux actionnaires des dividendes propres à contenter les plus exigeans. Tout récemment encore, des journaux ont publié les comptes-rendus de plusieurs chemins de fer anglais, qui avaient coûté des sommes énormes, des capitaux à faire frémir, et dont cependant les actionnaires touchaient 10 pour cent, outre un capital mis à part pour fond de réserve. Voyez la situation du railway français le plus saillant, celui de St-Germain, et mettez tous ces chemins de fer exploités par des sociétés particulières en regard du seul qui soit exploité par le gouvernement, du chemin de fer de Belgique : d'un côté vous ne trouverez que pleine prospérité, avenir riant; de l'autre déficits sur déficits, charges écrasantes, et en dernier résultat, désillusionnement complet et d'autant plus douloureux qu'il a été précédé des plus pénibles sacrifices.

Car enfin il est démontré aujourd'hui que la Belgique sera forcée de tirer tous les ans *quatre millions* de la poche de ses contribuables pour servir les intérêts des emprunts avec lesquels elle construit ses chemins de fer. Que l'on tourne et retourne en tous sens les données du compte-rendu présenté aux chambres par M. Nothomb, c'est toujours à ce résultat désolant que l'on aboutit.

Mais que fait donc le ministre des travaux publics pour embourber ainsi le char administratif qu'il est chargé de conduire ?

C'est ce que le *Messager de Gand* se propose d'examiner à fond et de faire toucher aux doigts par ses lecteurs. Il leur promet d'avance des explications étrangement curieuses.

A cet effet, il se livrera à l'analyse comparée et raisonnée du compte-rendu de M. Nothomb, en date du 12 novembre. Ce compte-rendu, il l'envisagera sous toutes ses faces et le discutera dans tous ses détails. Il fera ressortri sans ménagement les erreurs, les irrégularités , les dilapidations, les vols qui se cachent sans les chiffres du budget Nothomb.

Le travail que nous allons entreprendre se divisera en trois parties principales :

La première sera consacrée aux frais d'établissement complet des sections décrétées du railway et des frais de construction des sections actuellement en exploitation et mentionnées dans le document du 12 novembre.

La seconde comprendra l'analyse des divers tableaux des recettes effectuées sur le railway, tels qu'ils figurent au compte-rendu Nothomb, depuis le commencement de l'exploitation.

Les frais de l'exploitation et d'entretien du railway feront l'objet de la troisème partie.

C'est une rude tâche que celle que nous allons entreprendre. Livrés à nos propres forces et guidés par nos seules lumières, nous n'aurions jamais osé songer à l'aborder; mais nous sommes assurés du concours d'un homme qui en cette matière possède des connaissances spéciales; M. D. T., de cette ville, dont les publications attestent des études assidues et profondes en tout ce qui concerne les machines à vapeur et les locomotives, a bien voulu nous promettre le puissant secours de ses méditations et de son expérience. C'est à lui que nous devons les principales données du travail que nous allons livrer au public, et qui, si l'apathie de la nation n'est pas incurable, si la faiblesse ou la corruption des chambres ne passent point toutes les bornes, aura, nous devons l'espérer, des résultats utiles pour le pays.

LA VÉRITÉ

SUR L'ADMINISTRATION

DES CHEMINS DE FER EN BELGIQUE,

OU

Analyse comparée des diverses données du Compte-rendu présenté aux Chambres, le 12 novembre 1839, par M. Nothomb, ministre des travaux publics.

CHAPITRE PREMIER.

PREMIER ARTICLE (1).

§ 1. *Du matériel des voitures servant au transport des voyageurs et des marchandises, existant au 12 novembre 1839.*

M. le ministre distingue le matériel roulant affecté à l'exploitation du chemin de fer en quatre catégories principales (voir page 24 du compte-rendu) : 1° *Les locomotives et les tenders; 2° les voitures pour voyageurs; 3° waggons pour marchandises; 4° waggons de service.* Voici quelles étaient au 1er novembre, les voitures existantes dans chacune de ces catégories :

1re CATÉGORIE.	2me CATÉGORIE.	3me CATÉGORIE.	4me CATÉG.
LOCOMOTIVES ET TENDERS	VOITURES POUR VOYAGEURS.	WAGGONS P. MARCHANDIS.	WAGG. DE SERV.
82 locomotives et 71 tenders. (Nous en donnerons le détail dans le second article, spécialement consacré aux locomotives et à leurs dépendances.)	9 Berlines. 86 Diligences. 140 Chars-à-bancs. 65 Waggons couverts. 92 idem non couverts. —— 392 Voitures pour voyag.	310 Wagg. p. march. 29 idem p. charbons. 4 idem p. bétail. 6 idem p. chevaux. 8 idem p. voitures. 43 idem p. bagages. —— 400 Wagg. p. march.	9 W. de serv. 15 à coak. 7 p. les ateliers 9 p. les trav. 23 p. l'entret. — 63 W. de serv.

M. Nothomb n'entre point dans le total du prix de chacune de ces voitures. Il se contente de donner dans une note, page 29 de son document, le prix de revient de chaque classe de voitures, non compris le montage, la garniture et la peinture. Il se borne à ce prix partiel. Mais c'est bien le Prix total qu'il fallait, et non point une valeur partielle, pour que le pays fût à même de considérer chaque classe des voitures sous ses diverses faces et dans son rapport avec le total général des dépenses faites

(1) *Messager de Gand* du 15 mars 1840.

pour voitures, telles qu'elles sont relatées au tableau 7 du compte-rendu. Nous suppléons à ce silence de M. le ministre. Nous ajoutons le prix approximatif des frais de montage et d'ajustage des voitures dans les ateliers de l'administration, et l'on remarquera que nous faisons des approximations bien amples et bien larges. Voici un tableau composé et d'après la note de la p. 29 du compte-rendu et d'après nos données approximatives :

	Dilig.	Chars à bancs.	Wagg.	Wagg. à bagages	Wagg. de serv.	Wagg. à march.
Caisses	fr.1450	fr.1000	fr. 708	fr.1350	fr. 230	fr. 230
Rouages, ou 4 roues et 2 essieux . .	800	800	800	800	800	800
Buttoirs.	245	245	245	245	245	245
Freins	125	125	125	125	125	125
Plaques de garde.	325	325	325	325	325	325
Ressorts	225	225	225	225	225	225
	fr.3170	2720	2428	3070	1950	1950
Approximation pour les frais d'ajustage et de montage dans les ateliers de l'administration	2030	1280	572	630	550	550
Prix total par voiture de chacune de ces classes	fr.5200	4000	3000	3600	2500	2500

Ainsi 5200 francs par diligence! 4000 francs par char-à-banc! 3000 fr. par waggon! 3600 francs par waggon à bagages! 2500 francs par simple waggon! ce sont des prix-monstres, des prix fous, surtout si on les met en parallèle avec les données comparatives fournies plus loin. Mais hâtons-nous d'arriver à un résultat des plus extraordinaires, auquel va nous conduire le prix du matériel des voitures existant au 1er novembre et mentionné dans le document Nothomb, prix calculé sur les unités par pièces sus-indiquées. (Nous y ajoutons les berlines, supprimées aujourd'hui. L'administration elle-même en fixe le prix à 6000 fr.)

Prix du matériel de voitures de transport existant aux 1er *et* 12 *novembre* 1839, *d'après le prix par unité sus-déterminé.*

	Quantité de voitures de chaque classe.	Prix de chaque classe par voiture.	Total général.
Berlines.	9	6000	54000
Diligences.	86	5200	447000
Chars-à-bancs	140	4000	560000
Waggons couverts	65	3500	227500
Waggons non couverts	92	3000	266000
Waggons de service.	63	2500	157500
Waggons à bagages.	400	2500	1000000

Total général. . 2722200

Total général figurant au compte-rendu de M. Nothomb, au tableau n° 7.
Pour dépenses faites pour le matériel des voitures . . . fr. 3371972 86
Total général calculé par nous 2722200 00

Excédent. . . . fr. 648772 86

Comme on le voit, pour parfaire le prix des voitures que M. Nothomb a bien soin de laisser incomplet, nous accordons généreusement des chiffres d'une valeur exorbitante, d'une exagération palpable, et cependant nous n'arrivons qu'à un total de 2,722,200 francs, tandis que le total indiqué dans son rapport s'élève à 3,371,972 fr. 86 centimes. Il y a donc là un excédent de 648,772 fr. 86 c., et cet excédent est sans emploi possible. Ainsi, même dans l'hypothèse la plus favorable au ministre, c'est-à-dire, en admettant sans conteste les évaluations déjà si enflées, comme on le verra plus bas, de son compte-rendu, et en lui faisant pour les détails qu'il passe sous silence les concessions les plus larges, on est encore conduit à ce résultat qu'il y a eu détournement de deniers publics pour une somme de bien au-delà de six cent mille francs! Ceci est tout simplement un vol.

Un vol! l'expression est bien dure, nous le savons; mais il nous est impossible d'en employer une autre : c'est le terme propre. Nous n'hésitons pas dès notre début à nous servir de ce rude langage, et le lecteur nous le pardonnera et trouvera que c'est le seul convenable, quand nous lui aurons démontré, comme nous nous y engageons dès à présent, et cela d'après les documens fournis par M. Nothomb lui-même, que le tiers des capitaux votés par les chambres a été dilapidé, et que nous mettrons sur la voie d'une enquête qui, si elle avait lieu, prouverait que la moitié seulement de ces capitaux a eu un emploi réel et effectif pour le railway. Mais n'anticipons pas et revenons à l'examen du prix du matériel des voitures.

Nous avons démontré que dans la somme totale fournie par le compte-rendu de M. Nothomb, il est une notable partie qui est sans emploi possible, d'après les données du document du 12 novembre, formant pour nous pièce de conviction. Faisons plus maintenant, prouvons qu'une autre partie encore plus considérable n'a eu qu'un emploi fictif. A cet effet, examinons quelques données comparatives sur le prix du matériel des voitures.

Les waggons avec roues en fonte, supportés sur ressorts, et capables, comme ceux qui sont employés sur notre railway, de charger trois mille kilogrammes ou trois tonneaux en marchandises, coûtent en Angleterre. au maximum, 800 frs. C'est le prix que les paient toutes les compagnies anglaises; c'est aussi le prix consigné dans le mémoire de MM. Simons et De Ridder (seconde édition, pag. 62).

D'après Tell Poussin, ainsi qu'on peut s'en convaincre dans son ouvrage intitulé : *Chemins de Fer américains,* voici le prix des voitures employées au transport des marchandises et des voyageurs sur les railways des États-Unis :

1° Coût d'un chariot à plate-forme sur ressorts en acier, capable de charger 3000 kilogr. et pesant 1035 kil. . . . . fr. 735 28

2° Coût d'un chariot à charbon sur ressorts en acier, pesant 1080 kilog.
et capable de charger 3000 kil. 800 88

3° Coût d'un chariot couvert pour marchandises sur ressorts et pesant
1170 kilog. 840 67

4° Coût d'une voiture pour voyageurs, sur ressorts, fermée à glaces, gar-
nie en drap, comme nos diligences, et destinée à contenir, comme elles,
18 personnes. 3712-00

Il faut d'abord bien remarquer que le matériel des voitures employées
sur les railways américains est construit par des ouvriers qui gagnent
des salaires doubles et triples de la paie des mêmes ouvriers en France et
en Belgique (¹). Et si néanmoins le matériel des voitures sur les chemins
de fer américains est trois fois inférieur aux prix du matériel de l'administration belge, cette énorme différence prouve l'énormité de l'exagération que cette administration porte dans le tarif du prix de ce matériel,
et par suite toute l'énormité des pots de vin qu'elle perçoit sur ce prix.

Maintenant qu'on mette ces prix en parallèle avec nos diligences à
5200 francs! avec nos chars-à-bancs à 4000 francs! avec nos waggons à
3000 francs! avec nos waggons à bagages de 3600 francs! avec nos simples waggons à marchandises de 2500 francs! et qu'on prononce. N'est-il
pas évident qu'il y a entre les dépenses nécessaires, telles que les fixent
des témoignages et des faits irrécusables, et le prix porté en compte par
l'administration du railway belge une différence qui, terme moyen,
s'élève à 40 %? et cette différence qu'indique-t-elle autre chose, si ce
n'est les pots-de-vin perçus par les chefs de cette administration?

Or, nous avons évalué à 2,722,200 francs le total général des dépenses
pour les voitures, et nous trouvons, en prenant les 2/5 ou 40 p. c. de ce
capital, qu'une somme de 1,088,880 francs (un million, quatre-vingt-
huit mille, huit cent quatre-vingts francs) a été dilapidée au profit d'administrateurs infidèles.

Et qu'on ne nous objecte pas que ce total de 2,722,200 francs, a été
fixé arbitrairement par nous, qu'il n'a été obtenu que par des évaluations
exagérées; nous avons commencé par avouer ces exagérations; mais il y
a ceci de particulier que M. Nothomb et ses amis ne peuvent diminuer
ce capital sans augmenter proportionnellement le détournement que
nous avons qualifié tout uniment de vol. En effet, le compte-rendu mi-
nistériel, ainsi que nous l'avons dit et répété, évalue le total du prix des
voitures à 3,371,972 francs 86 centimes.

Du reste, l'auteur des données qui servent de base au travail que nous
sommes en train de publier, M. Désiré Tack, nous autorise à déclarer
qu'il prend sur lui d'effectuer la livraison des diverses classes de voitu-

(¹) Voir Michel Chevalier, *Travaux publics* et *Lettres sur l'Amérique du Nord.*

res à 40 p. c. de moins, en moyenne, que les prix fictifs qui nous occupent, lorsque l'affaire du chemin de fer aura été tirée au clair et que la chambre et le pays auront prononcé. Il s'engage en outre à fournir les waggons, *tout couverts* et *fermés à chassis avec verres*, de manière que les voyageurs soient à l'abri des intempéries de l'air. Mais le tout sans pots-de-vin, et livrable, non pas entre les mains des ingénieurs des ponts et chaussées, mais entre les mains d'une commission présidée par un membre compétent de la chambre des représentans et composée d'experts indépendans et n'ayant rien à craindre des vengeances des exploitans actuels du railway. Ceci doit couper court à toute discussion, à toute dénégation de la part des hommes de l'administration.

Au résumé, nous avons démontré dans ce premier article qu'il existe : 1° un vol de six cent quarante-huit mille sept cent soixante-douze francs, quatre-vingt-six centimes, sur les 3,371,872 francs 86 c. indiqués par M. Nothomb comme le total des dépenses faites pour les diverses classes de voitures; 2° un pot-de-vin de un million quatre-vingt-huit mille huit cent quatre-vingt-huit francs sur le capital, d'ailleurs favorable à M. Nothomb, de 2,772,200 francs donné par nous comme le montant des mêmes dépenses.

Total des deux déprédations : Un million sept cent trente-sept mille six cent cinquante-deux francs, quatre-vingt-six centimes.

SECOND ARTICLE (¹).

§ 2. *Du matériel des locomotives et tenders, mentionné au Compte-rendu du 12 novembre 1839.*

M. le ministre fournit (tableau n° 6 du compte-rendu) le relevé des divers contrats passés par le gouvernement pour la fourniture des locomotives, tenders et pièces de rechange, destinés à l'exploitation du chemin de fer. Ces contrats portent 1° sur la livraison de 123 locomotives de divers calibre, au prix de 4,632,127 fr., ce qui porte à fr. 37,659-56 le prix moyen par locomotive ; 2° sur 113 tenders, au prix de 528,444 francs, soit 4676-49 francs par tender; 3° enfin sur 406,663 francs pour pièces de rechange. Ces trois sommes forment le capital de 5,567,234 francs, total du montant des fournitures contractées par l'administration.

Au 12 novembre 1839, il avait été livré sur ces fournitures 82 locomotives de diverses classes, plus 71 tenders, plus la totalité des pièces de rechange. M. Nothomb fournit au tableau n° 6 de son document, le relevé des divers paiemens faits sur ces livraisons, montant au total de fr. 3,669,545-24.

(¹) *Messager de Gand* du 18 mars 1840.

Mais ne voilà-t-il pas que ces fr. 3,669,545-24, détaillés au tableau n° 6 comme dépenses pour locomotives et accessoires faites jusqu'au 12 novembre 1839, se métamorphosent soudainement, au tableau n° 7 du compte-rendu Nothomb, en fr. 4,194,932-87, portés là tout crûment, sans explication aucune, comme dépenses prétendûment faites pour locomotives et accessoires. Or, la différence entre le capital de 3,669,545-24 francs, *justifié* au tableau n° 6 du compte-rendu, et le capital de fr. 4,194,932-87, porté au tableau n° 7 pour dépenses fictives pour les locomotives, est de 525,387-63 francs, et cette différence constitue encore un de ces *vols* purs et simples, masqués sous les chiffres du compte-rendu du 12 novembre, une de ces irrégularités choquantes que M. Nothomb ne pourra redresser, de quelque manière qu'il s'y prenne pour torturer *notre pièce de conviction*, le document du 12 novembre

Les 3,669,545-24 fr. dépensés au 12 novembre, d'après le tableau n° 6 du compte-rendu, n'étant pas détaillés par M. Nothomb, mais figurant simplement comme sommes payées sur les contrats passés par le gouvernement, il importe de faire la vérification, le contrôle de ce capital, et de faire voir qu'il forme le montant des fournitures faites jusqu'à cette époque. A défaut de données directes, que M. le ministre ne donne pas, nous allons procéder à cette vérification, par une double approximation, basée sur des données puisées au compte-rendu même.

1° L'on vient de voir que, d'après le montant total des contrats passés pour locomotives, elles revenaient, l'une portant l'autre, à 37,659-56 francs. Prenant ce taux pour les 82 locomotives livrées au 12 novembre, nous avons . . . . fr. 3,088,084

Les tenders, pris à la moyenne de francs 4,676-49, résultante du total général des contrats, reviendront pour les 71 à 332,030

Pièces de rechange, total général, d'après le tableau n° 6 du compte-rendu 406,663

1re approximation, total général. fr. 3,826,777

Chiffre-Nothomb. 3,669,545

Différence. fr. 157,232

2° L'on sait que les locomotives pour le prix de revient et *la puissance* se distinguent d'après le diamètre de leurs cylindres. Nous allons donc déterminer le prix des locomotives et accessoires fournis au 12 novembre et mentionnés au compte-rendu, en prenant pour chaque classe, *le prix maximum* correspondant, d'après le tableau n° 6 du compte-rendu de M. Nothomb.

Matériel des Locomotives et accessoires existant au 12 novembre 1839, d'après le document Nothomb.	Prix maximum par locomotive, d'après la plus value des données du tableau Nothomb n° 6.	Quantité existante de chaque classe.	Total général du prix de chaque classe de locomotives.
Locomotives de 14 pouces aux cylindres.	40,478 fr.	18	fr. 728,604
Idem 13 idem.	39,500	5	197,500
Idem 12 1/2 idem.	40,399	11	444,389
Idem 12 idem.	37,265	32	1,192,480
Idem 11 idem.	34,952	16	559,232
Totaux. . .		82	fr. 3,122,205
71 Tenders à la moyenne sus-indiquée de fr. 4676--49, soit.			332,030
Pièces de rechange, total général d'apr. le tableau 6 du compte-rendu.			406,663
2ᵉ approximation, total général.			3,860,898
Chiffre-Nothomb. . .			3,669,545
Différence. . .			fr. 191,353

L'une et l'autre de ces approximations, auxquelles il a bien fallu recourir à défaut de renseignemens directs fournis par le ministre, démontrent que la somme de 3,669,545 fr. figurant au tableau n° 6 du compte-rendu pour paiemens faits sur les livraisons de locomotives et accessoires, porte bien et ne peut porter que sur les fournitures faites jusqu'au 12 novembre. Et si nos approximations donnent un excédent, c'est que l'une et l'autre sont basées sur des maximums que n'a pas atteints la moyenne du prix des livraisons, sur lequel porte le capital de 3,669,545 francs qu'il fallait vérifier.

Ainsi la vérification des 3,669,545 francs, portés au tableau n° 6 pour paiemens faits sur les livraisons des remorqueurs et dépendances contractées par l'administration, démontre que sous le capital de 4,194,932 francs, portés sans explication aucune au tableau n° 7, se trouve masquée une déprédation de 523,387 francs, déprédation que nous qualifions tout uniment *de vol*.

Nous aurons aussi à démasquer les *pots-de-vin monstres*, cachés sous ce capital de 3,669,545 fr. Nos investigations à ce sujet feront l'objet du prochain article. Mais nous avons d'abord à soumettre ici une remarque importante sur notre matériel de locomotives : c'est que dans un avenir peu éloigné *il y aura à faire une refonte générale de cylindres et des pistons des 4/5 des locomotives qui figurent au compte-rendu.* Voici pourquoi. Aux termes de l'art. 101 du reglement de l'administration du chemin de fer, le nombre de voitures chargées à atteler à chaque locomotive, ne pourra généralement excéder celui de 14 à 18, et même entre Malines et Ans, il ne peut être généralement attelé plus de 12 voitures par locomotive. De sorte que le poid maximum *brut* des convois hâlés par locomotive, varie de 70 à 90 tonneaux, et que sur la ligne de Malines à Liége, ce poids brut est limité à 60 tonneaux, Dans la troisième partie de notre travail sur le document du 12 novembre, traitant de l'exploitation du railway, nous démontrerons dans le tableau spécialement consacré *au service des locomotives,* et comme il a déjà été avancé par M. Tack, page 64 de son *Traité complet sur les explosions,* que *l'économie du combustible prescrit impérieusement* de n'employer, pour le service du Railway national, que des locomotives de *onze* pouces aux cylindres. Or, parmi les 82 locomotives mentionnées au compte-rendu, il n'en figure que 16 de ce calibre, tous les autres remorqueurs ont aux cylindres des diamètres supérieurs. C'est qu'ici encore, les spéculations individuelles des exploitans du railway, l'ont emporté sur l'intérêt du pays...... Ces Messieurs percevant leur pots-de-vin au marc-le-franc, au tantième par 100, ont intérêt à n'acheter que des locomotives du plus fort calibre aux cylindres, du poids total le plus considérable, et par conséquent des plus chères.

Ainsi résumant la première partie de ce deuxième paragraphe, nous enregistrons dans la catégorie des vols, CINQ CENT VINGT-CINQ MILLE TROIS CENT QUATRE-VINGT-SEPT FRANCS, masqués sous le chiffre 4,194,932 fr., porté au tableau n° 7 du compte-rendu Nothomb, pour prétendues dépenses pour locomotives.

TROISIÈME ARTICLE (¹).

Suite du § 2.

Nous avons démontré, dans notre précédent article, et cela d'après les données mêmes du compte-rendu du 12 novembre, que le chiffre de 3,669,545 francs, figurant au tableau n° 6 de ce document comme dépense faite pour les locomotives, tenders et accessoires, portait sur le matériel de l'espèce, affecté à l'exploitation au 12 novembre 1839; et que, d'après les bases mêmes des contrats, ce capital n'avait pu dépasser le prix de ce matériel.

Maintenant pour rendre palpables les *pots-de-vin,* masqués sous ce capital, nous allons d'abord faire passer sous les yeux des lecteurs quelques données comparatives sur le prix des locomotives et tenders, employés sur les railways anglais et américains.

Commençons par les railways anglais. Le *Liverpool and Manchester railway* fut ouvert et inauguré le 16 septembre 1830. Dès son début, ce railway attira les yeux de tous les ingénieurs, de tous les savans qui s'occupent de chemins de fer. Ainsi lorsqu'en 1832 et 33, MM. Simons et De Ridder allèrent aux frais du gouvernement étudier, en Angleterre, les chemins de fer que l'on se proposait d'introduire en Belgique, ce fut nécessairement et naturellement sur la voie de Liverpool à Manchester

---

(¹) *Messager de Gand* du 20 mars.

que leurs regards durent se fixer et s'arrêter. Il y avait à cela nécessité pour eux : car, l'on sait que dans le principe, nos chemins de fer avaient été destinés spécialement *au transport des voyageurs* et des marchandises de diligence : c'est même d'après cette base qu'aux devis primitifs, les ingénieurs avaient calculé les rails à 17 1/2 kilog. le mètre.

Le chemin de fer de Liverpol à Manchester offrait alors la seule voie ferrée où le transport des voyageurs fut organisé et exploité sur une vaste échelle, et c'est par conséquent ce railway qui dut servir de base aux études qu'ils étaient allés faire. Or, MM. Simons et De Ridder trouvèrent les locomotives de la *Liverpool and Manchester Company*, employées à deux usages, au transport des marchandises avec une vitesse de 12 à 16 kilomètres (3 à 4 lieues de poste françaises) ou bien au transport des voyageurs, sous une vélocité moyenne de 32 à 36 kilomètres (8 à 9 lieues de poste); les locomotives employées à ces deux usages étaient *les mêmes;* elles variaient seulement de vélocité dans leur marche, selon qu'elles transportaient ou des convois de marchandises ou des convois de voyageurs. Ces transports s'effectuaient par *des locomotives Stephenson*, dont la très-grande majorité était du calibre de 11 pouces aux cylindres et qui coûtaient *vingt mille francs,* pièce au maximum. Mais ces deux ingénieurs, soit par erreur, soit par d'autres motifs qui entraient peut-être dans leurs vues futures, donnent à entendre, page 36 de leur Mémoire, que le prix de *vingt mille francs* porte sur des locomotives qui marchaient seulement à une vitesse moyenne de 12 à 16 kilomètres à l'heure; et M. Nothomb a soin de s'emparer de cette donnée *tout erronnée,* pour justifier au tableau n° 37 de son document du 12 novembre, les *prix-monstres* sur lesquels il a basé ses contrats avec les constructeurs. MM. Simons et De Ridder sont tombés, page 26 de leur Mémoire, dans une autre erreur : ils supposent que les locomotives Stephenson qu'ils avaient vues exécutées au prix de vingt mille francs en Angleterre, reviendraient, construites en Belgique, à 25,000 francs, attendu la nouveauté de cette fabrication chez nous. — Mais, à l'honneur de notre industrieuse patrie, nous le constatons avec orgueil, ces prévisions de MM. Simons et De Ridder se sont trouvées démenties; la Belgique peut fournir des locomotives quelconques au même prix que l'Angleterre, et ce sont les bases mêmes des contrats passés par Nothomb, et relatés au tableau n° 6 de son compte-rendu, qui en fournissent l'irréfutable preuve : la moyenne du prix des fournitures belges s'y trouve *la même* que la moyenne des fournitures faites par les Anglais. Il est donc positif qu'en réduisant à leur véritable valeur les allégations de MM. Simons et De Ridder; qu'en réduisant ces allégations à ce que ces deux ingénieurs avaient *réellement* vu en Angleterre, il en résulte que les locomotives Stephenson qu'ils avaient étudiées revenaient à une moyenne de 20,000 francs, au maximum. Ces deux ingénieurs portent le prix des tenders de 15 à 1600 francs, page 64 de leur

Mémoire; et ces données, nous allons en corroborer l'exactitude par de nouveaux faits.

Le tableau du *Traité des locomotives* de Pambour, page 358, fait voir toute l'excellence des deux locomotives de la *Liverpool and Manchester Company*, *Leeds* et *Firefly*. Le 15 août 1834, *Leeds* remorqua 20 waggons, formant un convoi du poids de 89,72 tonneaux, avec une vitesse moyenne de 35,18 kilomètres à l'heure. Le même jour, la même locomotive transporta un convoi de 38 tonneaux, avec une vitesse moyenne de 40,42 kilomètres à l'heure. Le 26 juillet 1834, *Firefly* transporta un convoi de 42,05 tonneaux avec une vitesse moyenne de 35,18 kilomètres à l'heure; et le même jour, la même locomotive transporta un autre convoi, également du poids de 42,05 tonneaux, avec une vitesse moyenne de 40,25 kilomètres à l'heure. *Leeds* et *Firefly* dont les cylindres ont onze pouces anglais de diamètre, sont donc incontestablement des locomotives *de grande vitesse;* et aucune des locomotives qu'on nous fait payer si cher, n'a encore dépassé, n'a pas même atteint, avec les mêmes charges et à circonstances égales, les vitesses que nous venons de relater. Eh bien! *Leeds* et *Firefly* figurent au 1er semestre des comptes-rendus de 1833 de la *Liverpool and Manchester Company*, page 402 du traité des locomotives de Pambour, comme ayant coûté 1580 livres sterlings ou 39,832 francs *les deux*, soit 19,916 fr. chacune. Et quant aux éventualités du service des locomotives, elles sont les mêmes exactement que celles du service de notre railway : car, sur les railways anglais comme sur les railways américains, les pentes adoptées par les ingénieurs, sont les mêmes que sur le railway belge.

Et si nous passons aux locomotives employées sur les railways américains, Tell Poussin ([1]) nous apprendra qu'elles y reviennent à 21,000 francs et les tenders à 1900 francs. Elles fonctionnent à une vitesse moyenne de 32 kilomètres à l'heure; c'est à fort peu de chose près la grande vitesse sur le railway belge; leur charge ordinaire est de 60 à 70 tonneaux bruts, équivalant à 12 ou 14 de nos voitures avec charge pleine : or, l'on sait déjà que, d'après le règlement de l'administration, c'est à ce nombre de voitures pleines qu'est bornée sur le railway belge la charge légale des remorqueurs.

Et maintenant que l'on compare ces prix des locomotives anglaises et américaines au prix de 34,952 fr. par locomotive de 11 pouces aux cylindres; au prix de 37,265 fr. pour les locomotives de 12 pouces; au prix de 40,399 pour les locomotives de 12 1/2 pouces; aux prix de 39,500 fr. par locomotive de 13 pouces; au prix de 40,478 francs par locomotive de 14 pouces! Unités que nous avons dû adopter dans notre précédent article pour pouvoir parfaire le prix du matériel des remorqueurs dans les

([1]) Chemins de fer américains.

3,669,545 francs qui figurent au compte-rendu comme paiemens faits sur les fournitures contractées par l'administration, et qu'on prononce! Eh! où faut-il chercher la cause de cette énorme différence, si non dans l'avidité de nos exploitans, dans le désir de pots-de-vin qui anime notre administration du chemin de fer.

.... Et d'ailleurs, rien de plus facile que d'établir sur des bases irréfragables le prix de revient des locomotives, avec de très-satisfaisans bénéfices pour les constructeurs. Il suffit pour cela de placer la question des locomotives sur le terrain général des machines à vapeur, et de calculer leurs prix d'après leur poids.

Ce calcul fera l'objet de notre quatrième article.

QUATRIÈME ARTICLE [1].

Fin du § 2.

Nous avons promis, à la fin de notre précédent article, de déterminer, d'après des bases certaines, le prix des locomotives, en comparant ce prix à celui des machines à vapeur en général ; c'est ce que nous allons faire aujourd'hui.

Portons nos regards un peu en arrière, tournons-les vers 1824 et 25, années de bienheureuse mémoire pour les constructeurs de machines à vapeur, où tous faisaient d'excellentes affaires, où tous marchaient rapidement à la fortune. — Temps d'or, comme MM. Cockerill, Regnier-Poncelet, Tassin, Biolley, etc., ne les désavoueraient point. Eh bien! les machines à vapeur pesaient alors 1000 kilog., terme moyen, par force de cheval, et on les payait 1000 francs, ou un franc par kilogr. de leur poids, et les constructeurs gagnaient une moyenne de 50 %. Mais admettons qu'à raison de la nouveauté des locomotives, ces bénéfices ne suffisent pas aux fabricans, et qu'ils ont droit de prétendre à des bénéfices encore plus considérables. Le calcul suivant est de nature à satisfaire à ces exigences. La moyenne maximum du poids des locomotives du railway belge est de 10 tonneaux ou 10,000 kilog. Sur ces 10 tonneaux, il y a un et un quart tonneau ou 1200 kilog. de cuivre ouvragé en coussinets, tubes, etc. (l'auteur du présent travail, M. D. Tack, en fournira la preuve). Prenons ces 1200 kilog. de cuivre à 6 francs le kilog., et c'est une évaluation fort ample, nous en aurons pour 7200 francs; prenons ensuite au prix du fer par kilog., *tout le bois* qui entre dans la construction des locomotives; en un mot, prenons comme *fer ouvragé* les 7800 kilog. restant après déduction des 1200 kilog. de cuivre que nous supposons employés dans les locomotives, et nous aurons 7800 kilog. de fer ouvragé en divers genres, lesquels pris à une moyenne de 2 francs le kilog., nous mènent à

[1] *Messager de Gand* du 22 mars.

17,600 francs pour le fer des locomotives. Ainsi, en admettant que le travail des métaux employés dans la construction des locomotives revienne *au double* du prix des mêmes métaux employés dans la construction des autres machines à vapeur, bénéfice de 50 °/₀ des constructeurs compris, comme c'était en 1824 et 25, nous n'arrivons qu'au chiffre 24,800 fr. par locomotive. Ajoutons-y 200 fr., pour arriver à la somme ronde de vingt-cinq mille francs, et nous aurons le maximum du prix qu'on puisse atteindre en moyenne, même par locomotive de 14 pouces (¹). *Leeds* et *Firefly*, ces deux excellentes locomotives-Stephenson que la *Liverpool and Manchester Company* n'a payées que fr. 19,920-50 chacune, et qui toutes les deux, sont du calibre de 11 pouces aux cylindres, ne viennent-elles pas confirmer toute l'exactitude de l'évaluation que nous venons d'établir? et cette exactitude n'est-elle pas également appuyée par le prix des locomotives employées sur les railways américains, et qui, exécutées par des ouvriers, au salaire *triple* de celui des nôtres, ne coûtent néanmoins que 21,000 fr.? Ces prix-monstres de 35,000, de 37,000, de 40,000 fr. par locomotive, sur lesquels, pour nous conformer aux données du compte-rendu du 12 novembre, nous basons le prix du matériel des locomotives, n'atteignent donc ces chiffres exorbitants qu'en y comprenant *les pots-de-vin* que l'administration perçoit sur le prix des remorqueurs, et ces pots-de-vin, nous pouvons hardiment et sans crainte d'exagération, les tarifer à 30 p. °/₀ de la valeur...

Mais déjà il nous semble entendre M. Jobard, qui nous crie, son rapport *sur l'Exposition des Produits de l'industrie française* à la main..., halte-là... Voyez donc les locomotives françaises! celles de MM. Stehelin et Hubert de Bitschwiller, qui, à cylindres de 14 pouces de diamètre, coûtent 40,000 francs, pris en fabrique pour tous les acheteurs qui se présentent.

Là point d'administration pot-de-vinière, puisque c'est le prix pour tout le monde. Mais cette observation n'en imposera à personne. MM. Stehelin et Hubert, tout comme MM. Stephenson, Londgridge et Cᵒ, tout comme MM. Cockerill, Régnier-Poncelet, Meeus-Brioen, etc., savent parfaitement que ce ne seront pas des particuliers qui leur commanderont des locomotives, qu'ils n'auront affaire qu'à des administrateurs de rail-

---

(¹) Les frais d'ajustage des locomotives de 12, 13 et 14 pouces sont, à une insignifiante différence près, les mêmes que ceux des locomotives de 11 pouces aux cylindres. Il n'y a de changé pour ces diverses catégories de remorqueurs que la grandeur et le poids des pièces : leur structure et leur assemblage sont les mêmes. Ainsi notre moyenne de 25,000 francs est fort raisonnable même, en y comprenant les *deux roues* qui complètent les *six* roues du système actuel des remorqueurs Stephenson. Du reste, cette addition de deux roues, et l'emploi de six roues au lieu *de quatre*, loin d'être un perfectionnement, est une *vraie brioche :* nous le démontrerons plus loin en traitant du service des locomotives dans la troisième partie de notre travail.

ways. Or, si ces administrateurs, à l'instar de nos ponts-et-chaussées, trouvent convenable de stipuler d'avance d'énormes pots-de-vin, des 30 p. %, certainement le fabricant n'ira pas les prendre sur ses bénéfices; il les ajoutera tout simplement au maximum de 20 à 25,000 francs, prix de vente réel. Ainsi, à tout événement, les fabricans de locomotives sont obligés d'établir un *prix fictif*, comprenant les pots-de-vin qu'ils peuvent se trouver dans le cas de devoir accorder : les constructeurs français, tout comme les constructeurs belges, tout comme les constructeurs anglais, s'y trouvent forcés. Les ponts-et-chaussées français seraient-ils moins avides que ceux de Belgique? Les constructeurs trouvent d'ailleurs à ces prix fictifs cet avantage, que s'ils ont affaire à des administrateurs moins rapaces, ils ont les chances de trouver à rabattre sur les pots-de-vin, de pouvoir *les marchander*, de n'accorder que 10, 15 ou 20 p. %, au lieu de 30 et au-delà; et c'est autant de pris sur son co-partageant.

Si donc M. Jobard nous opposait le prix des locomotives d'après le tarif de celles qui figurèrent à l'exposition française, notre réponse se bornerait *à une simple exhibition du dessous des cartes*, telle que nous venons de la faire, et cette objection n'infirmerait en rien notre démonstration, qu'en prenant les locomotives à 25,000 francs, même celles de quatorze pouces, on atteint le maximum du prix de vente réel de ces machines, en assurant aux constructeurs un bénéfice *double* au moins de celui qu'ils ont sur les machines à vapeur ordinaires.

Ainsi se trouve démontrée péremptoirement, par les faits mêmes, l'exactitude de notre allégation que, sur le matériel existant de locomotives, M. Nothomb et ses affidés ont au moins perçu 30 p. % en pots-de-vin. Le prix de ce matériel, basé sur les contrats mêmes (voir notre précédent article), serait de 3,122,205 fr., sur lesquels les 30 p. % perçus en pots-de-vin reviennent à fr. 936,661-50.

Neuf cent trente-six mille six cent soixante-et-un francs!!!... Mais en présence de pareilles infàmies, et en voie d'en démontrer de bien plus monstrueuses encore, nous est-il bien permis de conserver cette expression banale de *pot-de-vin?* Non, lecteurs, il faut d'autres termes pour stygmatiser ces brigandages.... aux choses inouies, des mots inouis. Désormais dans le cours de notre analyse, nous employerons l'expression *vol-au-pot-de-vin* pour démasquer les turpitudes par lesquelles nos Verrès du railway-national, descendant, pour s'approprier les écus de la Belgique, au manège des cuisinières, en faisant danser et danser outre toute mesure l'anse du panier, ont eu soin de stipuler dans les marchés, dans les adjudications d'énormes pots-de-vin devant leur revenir sur les *prix fictifs de convention....* sous peine de voir ces marchés, ces adjudications annulés par le ministre.... et l'on sait que Nothomb s'est réservé le *veto absolu* sur les marchés et les adjudications.... libre à lui de ne point les ratifier.... *et cela sans devoir rendre compte de ses motifs....*

Donc, résumant ces deux derniers articles, nous enregistrons dans la catégorie des vols-au-pot-de-vin, *neuf cent trente-six mille six cent soixante-et-un francs,* masqués sous les 3,122,205 francs, formant, aux termes des contrats relatés au tableau n° 6 du compte-rendu, le prix des 82 locomotives affectées à l'exploitation au 12 novembre 1839.

CINQUIÈME ARTICLE [1]

§ 3. — *Des tenders, pièces de rechange et dépendances du service des remorqueurs.*

Dans nos deux précédens articles, il a été démontré que le prix de vente *réel* des locomotives de divers calibre variait de 20 à 25,000 francs, et nous en avons déduit les preuves d'un immense vol-au-pot-de-vin, masqué sous les chiffres du compte-rendu représentant, tableau n° 6 du document-Nothomb, les paiemens faits sur le matériel des locomotives et dépendances affectées à l'exploitation du railway au 22 novembre 1839.

Maintenant, aux *tenders.* Ainsi qu'il a déjà été dit dans notre article du 18 mars, ils figurent, au tableau n° 6 du compte-Nothomb, pour 528,444 francs les 113, soit 4676-49 francs pièce. MM. Simons et De Ridder, page 64 de leur Mémoire, 2me édition, en fixent le prix d'après ceux qu'ils avaient observés sur le *Liverpool and Manchester Railway,* en 1832 et 33, de 15 à 1600 fr. Les *tenders* employés sur les railways américains, ne reviennent, d'après Tell Poussin [2], qu'à 1900 francs, et cependant ils sont exécutés par des ouvriers qui ont des salaires *triples* de ceux de nos ouvriers. Sur les railways américains, comme sur les railways anglais, les *tenders,* avec leur approvisionnement d'eau et de côke, pèsent 5 tonneaux ou 5000 kilogr.

Comparez donc, lecteurs ! Ces tenders de 16 et 1900 francs avec ceux que Nothomb et ses affidés nous portent en compte pour une moyenne de 4676-79 francs pièce, et qui avec leur charge pleine ne pèsent, comme les tenders anglais et américains, que 5000 kilogr., et ici encore, prononcez ! N'est-il pas évident qu'ici encore nous allons avoir à démasquer une de ces turpitudes qu'il est impossible de ne point qualifier *de vol,* et qu'en prenant les tenders à 2500 francs on atteint le maximum du prix de vente *réel* de ces voitures ? N'est-il pas certain qu'au prix même de 2500 francs, le fabricant peut encore adjuger un *confortable* pot-de-vin ?... un pot-de-vin frisant l'honnêteté....; car, le *peccare humanum* appelle ici à l'indulgence : on sait d'ailleurs que le siècle n'est pas *turc* en fait de pots-de-vin.... Mais 2176 francs par tender !!... Il y a vol... et vol flagrant.

Ainsi sur la somme de 332,030 francs, qui, d'après la démonstration

[1] *Messager de Gand* du 26 mars.
[2] Édition de Bruxelles, 1836.

de notre article du 18 mars, fait le montant des 71 tenders affectés à l'exploitation au 12 novembre 1839, pris à 4676·49 francs pièce, nous avons à enregistrer, à raison de 2176 francs par tender, un vol-au-pot-de-vin de 154,496 francs, commis par M. Nothomb et Cᵉ sur les tenders.

Poursuivant le cours de notre analyse, nous voici arrivés *aux pièces de rechange*. Ainsi qu'il a déjà été dit à notre article du 18 courant, elles figurent au tableau n° 6 du compte-Nothomb, pour 406,633 fr.... mais *sans explication aucune*. Pour en avoir le cœur net, suppléons, lecteurs, au silence du ministre, et mettons les pièces de rechange en parallèle avec les 82 locomotives auxquelles elles doivent servir : les 406,633 francs divisés par 82, nous mènent à 4959 francs, prix des pièces de rechange par locomotive.... Peste!.... mais les locomotives anglaises et américaines ne revenant qu'à 20,000 fr., et les nôtres au maximum du maximum à 25,000 fr. les unes parmi les autres, prix de vente *effectif*, il s'en suivrait que chaque locomotive aurait *le quart* de sa valeur en pièces de rechange! Il y a à cela impossibilité évidente, et nous allons prouver que c'est tout au plus si le prix des pièces de rechange peut s'élever à 2000 fr. par remorqueur. Pour ces 2000 fr., nous avons d'abord un tonneau en fer de fonte, à 320 francs maximum, et suffisant pour trois grilles neuves, etc.; puis des tubes en cuivre, un piston et toutes les pièces qui, en conformité à l'article 123 du règlement de l'administration, doivent se trouver dans le tender de chaque locomotive (¹), et auxquelles se bornent peut-être en réalité, les objets qu'on veut nous faire avaler, comme *pièces de rechange*. Il est donc évident que sous le chiffre 406,633 fr. se trouve encore un de ces *cracs*, un de ces vols purs et simples que Nothomb et ses lieutenans voudraient faire gober au pays; et, les pièces de rechange possibles par locomotive ne pouvant monter qu'à 2000 fr., donc à 160,000 fr. pour les 82 locomotives affectées à l'exploitation au 12 novembre, nous avons à enregistrer un vol pur et simple de 246,633 fr., masqué sous les 406,633 fr. figurant au tableau n° 6 du compte-Nothomb, pour prétendues dépenses faites pour les pièces de rechange.... Mais un moment donc, nous dira-t-on... ces pièces de rechange sont affectées à la totalité des 123 locomotives, objet des contrats mentionnés au tableau n° 6 du compte-rendu.... Nullement. Les pièces de rechange de chaque locomotive sont fournies avec la locomotive même;

(¹) Art. 123 du règlement. Chaque machiniste aura avec lui en tout temps, dans son tender, les outils suivans, renfermés dans une caisse fermant à clef, savoir :

1° Un assortiment complet de boulons, clefs et écrous; 2° une grande et une petite clef-à-vis, dites anglaises; 3° trois ciseaux-à-froid et un marteau; 4° une pince ou anspeck en fer; 5° une chaîne longue et deux courtes, et chaînes d'assemblage avec leurs crochets; 6° des bouchons de tubes, du chanvre, des tresses et cordes pour faire des garnitures; 7° deux burettes-à-l'huile pour le graissage des mécanismes; 8° une lanterne de signal et trois fallots.

elles doivent être ajustées sur celle-ci, tout comme les pièces qu'elles sont destinées à remplacer... Laissez-nous donc enregistrer ces 246,633 fr. dans notre catégorie des vols purs et simples.... puis l'on verra....

Maintenant, pour achever l'analyse des divers élémens du matériel des transports tels qu'ils figurent au tableau n° 7 du compte-rendu Nothomb, nous avons encore à passer en revue *les plate-formes, les réservoirs, les objets divers et le transport du matériel anglais.*

Commençons par les *plate-formes.* Elles figurent au tableau n° 7, pour 282,338 francs. Dans ce chiffre ne doivent nécessairement être comprises que les plate-formes construites jusqu'au 12 novembre 1839 : Ostende, Bruges, Aeltre, Gand, Deynze, Courtrai, Wetteren, Termonde, Malines, Bruxelles, Anvers, Louvain, Tirlemont, Waremme, Ans, en tout *quinze* stations, étaient alors munies de plate-formes. Malines, comme station centrale, en avait le plus grand nombre ; les ateliers compris, elle devait avoir quinze plate-formes. Après Malines vient Gand, embarcadère de trois sections : elle a dix plate-formes, en voilà vingt-cinq, prenons ensuite, l'une parmi l'autre, trois plate-formes pour les treize autres stations, nous arrivons à un total de 64 plate-formes, et personne ne nous contestera, nous en sommes certains, que ce ne soit là le dernier maximum du nombre de plate-formes existant au 12 novembre ; et, divisant le capital de 282,338 francs figurant au compte-rendu pour ces 64 plate-formes, nous arrivons à 4412 francs par plate-forme ; mais, c'est exorbitant..... Même avec un confortable pot-de-vin, les plate-formes ne peuvent revenir qu'à 3000 francs pièce ; nous voilà donc obligés d'enregistrer dans notre catégorie de vols-au-pot-de-vin, sur les 64 plate-formes, à raison de 1412 francs pièce, un vol-au-pot-de-vin de 90,368 francs, masqué sous le chiffre 282,338 francs qui, au tableau Nothomb n° 7, représente les prétendues dépenses faites par ces objets.

Abordons maintenant les *réservoirs.* Ils sont portés au tableau n° 7 pour 67,398 francs. Comme stations à réservoirs d'eau, nous avons : Ostende, Bruges, Aeltre, Gand, Deynze, Courtrai, Wetteren, Termonde, Malines, Bruxelles, Anvers, Louvain, Tirlemont, Waremme, Ans, en tout *quinze,* qui, chacune munie de deux réservoirs, nous mènent à 30 réservoirs, lesquels, comme diviseurs de 67,398 francs, donnent 2247 francs par réservoir.... mais c'est forte honnête, et le cœur s'épanouit enfin en voyant du moins 67,398 francs... *rari nantes in gurgite vasto*... comme perdus là dans la mer de turpitudes et d'infâmies que nos lecteurs doivent déjà en trevoir, au bout des résultats de notre contrôle du compte-rendu. Voilà donc 67,398 francs *purs et sans critique.* Aussi faut-il être juste. Fidèle à notre introduction du 11 mars, nous avons jusqu'ici fait ressortir les erreurs, les irrégularités, les dilapidations, les vols, qui se cachent sous les chiffres Nothomb, etc., sans ménagement, quasi sans plus de façon que n'en ferait un gendarme avec des *grinches de la haute pègre.* Constatons donc soigneusement, faisons aussi ressortir toute l'honnêteté de M. Nothomb, lorsque sous le chiffre de 67,398 fr., il nous porte en compte les réservoirs d'eau à 2247 frs. pièce.... Mais notre tâche ici sera bien facile : elle se bornera à prier nos lecteurs de jeter les yeux sur le *Moniteur* du 6 octobre 1837. Ils y verront (enquête sur l'embranchement du Hainaut) que MM. Simons et De Ridder critiquant le projet Vifquain, De Moor et Noël portent, au n° 5 de leur critique, les réservoirs à *dix mille francs* pièce ; et les prix Vifquain, De Moor et Noël devaient encore être *bien supérieurs* comme on le voit par la conclusion des deux premiers ingénieurs... Ainsi, les réservoirs que MM. Teichmann, Simons, de Ridder, Vifquain, De Moor, Noël ont porté sur les devis comme devant coûter DIX MILLE FRANCS et AU-DELA ; il nous faut M. Nothomb, son compte-rendu à la main, pour nous prouver que le prix *réel* n'est au maximum que de *deux mille deux cent quarante-sept* francs..., ah! pour le coup, bravo... bravo... bravo... M. Nothomb !

Remettant au prochain n°, nos observations sur les *objets divers*, et les frais de *transport du matériel anglais*, et résumant le présent article, nous avons à enregistrer :

1° Dans notre catégorie de vol-au-pot-de-vin, 154,496 fr., masqués sous le chiffre 332,030 fr., prix de *nos* 71 *tenders*, d'après la moyenne du document-Nothomb, ci. . . . . . . fr. 154,496

2° Dans notre catégorie de vols purs et simples, deux cent quarante-six mille six cent trente-trois francs, masqués sous les 406,633 francs représentant au compte-rendu, les prétendues dépenses pour *pièces de rechange*, ci. . . , ... 246,633

3° Encore dans notre catégorie des vols-au-pot-de-vin, quatre-vingt-dix mille trois cent soixante-huit francs, masqué sous le chiffre 282,338 francs, représentant au compte-rendu les prétendues dépenses pour plate-formes. 90,368

Total général. fr. 491,497

Ainsi, total général des vols des deux catégories démasqués dans cet article, QUATRE CENT QUATRE-VINGT-ONZE MILLE QUATRE CENT QUATRE-VINGT-DIX-SEPT FRANCS.

Suite du § 3.

Pour achever notre analyse des dépendances du service des remorqueurs, telles qu'elles sont placées au tableau n° 7 du document-Nothomb, il nous reste encore à parler *des objets divers* et *du transport de matériel anglais.*

Les objets divers figurent au tableau susdit pour fr. 357,369-55; mais encore une fois sans explication aucune. — Et certes les contribuables ont droit d'y regarder à trois fois, lorsque MM. Nothomb et C° viennent tout crûment leur poser en ligne de compte, fr. 357,369-55 pour *objets divers.* — Les antécédens de ces messieurs sont là... Mais pourquoi nous arrêter ici à des recherches dont le résultat serait encore fort probablement la découverte de quelque nouvelle turpitude? Soyons donc indulgens; faisons une concession, et admettons bénévolement que ces fr. 357,369-55 *d'objets divers*, représentent le matériel total des ateliers de Malines, machines, moteurs, etc., etc., ainsi que des ateliers de réparation secondaires dans les autres stations.

Le transport de matériel anglais, figure au tableau n° 7 du compte-rendu pour fr. 26,122-57, posés là encore tout crûment sans le moindre détail. Est-ce sur les locomotives et les tenders anglais, livrés au nombre de 39, à la date du 12 novembre, que porte ce capital?... Le transport des machines employées dans les ateliers de Malines s'y trouve-t-il compris? ... Dans le doute il faut ici s'abstenir... et puis, s'il y avait une turpitude à dénicher, sous ces fr. 26,122-57, ce ne serait au bout du compte qu'une turpitude-naine, presque imperceptible à côté de ses monstrueuses sœurs; nous ne chicanerons donc pas sur les fr. 26,122-57, frais de transport du matériel anglais.

Maintenant nous voici à la fin de notre analyse du matériel des transports, affecté à l'exploitation au 12 novembre 1839, d'après le compte-rendu Nothomb; nous en présentons, aux lecteurs, le résultat synoptique dans le tableau suivant :

(¹) *Messager de Gand* du 29 mars.

TABLEAU SYNOPTIQUE

Des Dilapadations commises sur le matériel des transports affecté à l'exploitation du Railway belge.

Matériel des transports tel qu'il est relaté au tabl. 7 du compte rendu du 12 novembre.	VOLS COMMIS SUR CE MATÉRIEL.		
	1re CATÉGORIE. Vols purs et simples (¹).	2e CATÉGORIE. Vols au pot-de-vin (²).	TOTAL des deux catégories
Locomotives . . .		936.661 50	1,462.049 13
Tenders. 4,194,932 87	525,387 63	154,496 00	154,496 00
Pièces de rechange			246,633 00
	246.633 00		
Voitures. 3,371.972 86	648.772 86	1,088.880 00	1,737.652 86
Plate-formes. . . 282.338 99		90.368 00	90,368 00
Réservoirs. . . . 67.398 64			
Objets divers . . . 357.369 55			
Transports de matériels anglais. . 26.122 57			
TOTAUX. . . 8,300,135·48	fr. 1,420,763 48	2,270,405 50	3,691,198 99

Voyez pour les *locomotives*, art. 2. 3 et 4 : — *pièces de rechange et tenders*, art. 5 ; — *voitures*, art. 1 et 2 ; — *plate-formes et réservoirs*, art. 5. — Quant aux *objets divers et au transport de matériel anglais,* ils ont été accordés, par concession, tels qu'ils figurent au compte-rendu.

Ainsi *trois millions six cent quatre-vingt-onze mille cent quatre-vingt dix-huit francs quatre-vingt-dix-neuf centimes de vols,* voilà donc le résultat minimum fourni par notre analyse du matériel des transports relaté au compte-Nothomb; et nous disons le résultat *minimum;* car, maintenant que nous nous sommes contentés de moissonner en gros la turpitude et le vol cachés sous les chiffres de ce document, si nous voulions *glaner,* en examinant dans les détails les plus minutieux les divers élémens du matériel des transports tel qu'il figure au compte-Nothomb, il nous serait facile d'ajouter, d'après d'irréfutables preuves, au moins un million de francs aux 3,691,198 fr. 99, dont nous avons constaté *le vol;* et si pour le moment il entrait dans nos vues de fournir d'autres détails, nous constaterions irréfutablement que le matériel des transports, tel qu'il figure au tableau n° 7 du compte-Nothomb, pour l'énorme capital de fr. 8,300,135·48, EUT ÉTÉ LIVRÉ pour fr. 8,300,135·48 au maximum par des administrateurs intègres, pénétrés de la haute mission que le pays leur avait confiée, en les chargeant de l'exécution de ses

(¹) *Vols purs et simples.* Écus raflés sans façon, sans honte ni vergogne, et remplacé par des chiffres fictifs, fantastiques, au compte-rendu du 12 novembre.

(²) *Vols au pot-de-vin.* Voyez la définition de ce néologisme la fin du § 4.

railways, et tenant compte de l'immensité des sacrifices que la Belgique s'était imposés pour prouver ici encore, par l'établissement de ces voies nouvelles, qu'elle n'est jamais la dernière quand il s'agit d'adopter des innovations vraiment utiles.

Mais ces colossales déprédations, ces vols monstres constatés, il nous reste maintenant à aborder deux questions d'une haute importance pour le pays, savoir : 1° *Le matériel des transports, tel que nous l'avons reproduit d'après les détails du compte-rendu, était-il réellement existant au 12 novembre?* Les bornes posées à cet article ne nous permettent pas d'entrer dans des détails à cet égard; toutefois, nous serons à même de fournir quelques renseignemens solides, ayant un caractère assez positif pour motiver à cet égard une opinion négative... 2° Nos détails ont prouvé que les exploitans du railway national font sur le matériel des transports, de *trop excellentes affaires* pour ne point nous bailler un matériel aussi nombreux que faire se pourra; *quadruple, sextuple, décuple*, que sais-je, de celui qu'il nous faut. L'autre question est donc de savoir *si le matériel de voitures figurant au compte-rendu du* 12 *novembre, dans l'hypothèse que ce matériel ne soit point fictif, n'est pas déjà plus qu'amplement suffisant pour toutes les éventualités du service, non seulement sur les* 13 *sections en exploitation, mais aussi sur celles qu'on sera à même d'ouvrir en* 1840, 41 *et* 42? Lorsque nos lecteurs auront vu la troisième partie de ce travail, où nous déterminons, *par les faits,* le matériel nécessaire au roulement annuel *d'un million* de voyageurs sur chacune de nos grandes lignes, sur celle de l'Est, de l'Ouest, du Nord et du Midi, avec leurs embranchemens respectifs, ils seront convaincus, nous en sommes certain, que *le matériel actuel* suffit *aux transports tel qu'il est précisé dans la question.* Ne serait-il donc pas opportun que les représentans du pays s'empressassent de mettre un terme aux opérations de MM. Nothomb et C° sur le matériel des transports? N'y aurait-il pas justice à faire *casser,* comme *marchés Hambroek,* comme atteints et entachés de dilapidations, tout marché, toute adjudication de matériel en voitures et locomotives faites depuis le 12 novembre.

Ici se termine la première partie de notre travail. Nous ne tarderons pas à publier la suite de nos révélations.

LE RAILWAY NATIONAL

DE BELGIQUE,

OU

Analyse comparée du Compte-rendu présenté sur le Chemin de fer belge, le 12 novembre 1839, aux Chambres législatives de Belgique, par M. Nothomb, ministre des travaux publics [1].

CHAPITRE II.

DES FRAIS DE CONSTRUCTION DES TREIZE SECTIONS EN EXPLOITATION AU 12 NOVEMBRE 1839, ET JUSQU'A CE JOUR 16 AVRIL 1840.

§ 1. *Du Tableau synoptique et analytique représentant les élémens des devis des ingénieurs auteurs des plans et projets formant les diverses lignes étudiées et décretées du Railway national belge.* (Voir à la fin de la brochure.)

Les sections mentionnées au document-Nothomb, comme étant en exploitation au 12 novembre 1839, sont :

ORDRE d'ouverture des SECTIONS.	DÉSIGNATION DES SECTIONS, d'après le tableau N° 4 DU COMPTE-RENDU DU 12 NOVEMB. 1839.	ÉTENDUE DES SECTIONS EN KILOMÈTRES	
		1° D'après le tableau N° 4 du Compte-Nothomb.	2° D'après les devis des ingénieurs.
1	Bruxelles à Malines.	20,20	21,70
2	Malines à Anvers	23,50	24,20
3	Malines à Termonde.	26,70	26,75
6	Termonde à Gand	30,50	28,34
9	Gand à Bruges	44,50	40,46
10	Bruges à Ostende.	23,50	21,23
4	Malines à Louvain	23,75	23,90
5	Louvain à Tirlemont	17,75	18,00
7	Tirlemont à Waremme.	27,20	27,90
8	Waremme à Ans.	18,90	18,90
11	Gand à Deynze	17,175 }	45,00
12	Deynze à Conrtrai	26,615 }	
13	Landen à Saint-Trond	10,802	10,75
	Totaux. . . .	311,092	307,73 [2]

[1] Ainsi qu'il est annoncé à la fin de l'Avant-propos, nous reprenons à ce second chapitre le nouveau titre de notre travail.

[2] La longueur des sections achevées d'après le compte-rendu du 12 novembre

Dans notre travail analytique des données du compte-Nothomb , sur les frais de construction de ces treize sections, nous avons à passer en revue, l'acquisition des terrains, expropriations et indemnités, les ouvrages d'art, les travaux de terrassement, les frais de pose du railway , auxquels vient se rattacher l'affaire *des sables de mer;* les frais d'achat des billes, des rails, les frais de construction des stations, etc., élémens divers, dans le contrôle consciencieux desquels nous sommes nécessairement obligés de prendre pour *point de départ,* les devis des ingénieurs.

Ces devis, pour les diverses lignes étudiées et décrétées, se trouvaient jusqu'ici disseminés, tels quels, dans des tableaux épars. Pour tirer de ces devis tout le parti désirable dans l'intérêt de notre travail, il fallait *les grouper* en corps sous les yeux des lecteurs, coordonner leurs données; il fallait en même temps passer au creuset de l'analyse quelques élémens de ces devis pour en faire jaillir des aperçus inédits, qui seront d'un grand poids dans la balance, lorsque nous arriverons aux conclusions générales. Ce double but, nous croyons l'avoir atteint dans le tableau synoptique à la fin de la brochure. Les notes au tableau , ou plutôt les renvois, prouveront aux lecteurs, nous l'espérons, combien ont été minutieux les soins que nous avons donnés à la confection de cette pièce importante de notre travail, combien aussi nous nous sommes attaché à ce que chacune de ses données, chacun de ses élémens, ne pût se trouver assis que sur des bases authentiques, officielles , irrécusables.

M. Nothomb, dans le cours de son document du 12 novembre, répète à

diffère de 3,36 kilomètres de cette longueur d'après les devis ; et ces 3,36 kilomètres à raison de 160,000 francs par kilomètre , prix de revient du railway national d'après les promesses de M. Nothomb (séance de la chambre des représentans du 8 mai 1838) ont une valeur de 537,600 francs (*cinq cent trente-sept mille six cent francs*). Ou bien , s'il fallait en croire les prévisions de feuilles ordinairement bien informées (l'*Emancipation,* nos des 18, 19 et 21 décembre 1839). Prévisions d'après lesquelles le kilomètre du railway national atteindrait, suivant les nouvelles allégations de M. Nothomb, un prix bien supérieur : pour lors les 336 kilomètres représenteraient un capital de près de 750,000 francs (*sept cent cinquante mille francs*). Il est donc vraiment urgent et d'une nécessité indispensable , que les chambres ordonnent une vérification exacte de la longueur des diverses sections achevées. L'exemple que nous venons d'en donner, prouve que 3 à 6 kilomètres de plus ou de moins représentent déjà un énorme capital, sur l'emploi duquel le pays a droit d'exiger une conviction nette et précise. Au paragraphe 5 de ce chapitre, on démontrera qu'il est tout aussi nécessaire de vérifier la longueur de simple voie de railway employée aux stations, ainsi qu'aux gares d'évitement des sections en exploitation , et sur ces sections mêmes. Du reste, rien de plus facile et de plus simple que cette vérification , si une commission était déléguée *ad hoc* par les chambres. C'est l'affaire de trois jours au plus pour vérifier la longueur exacte des sections en exploitation , ainsi que des voies de railway aux stations. D'après le procédé que j'aurais l'honneur de soumettre , MM. les commissaires , installés dans un char-à-banc , procéderaient à la vérification *quasi sans s'en douter,* et néanmoins avec toute la rigueur mathématique requise.

satiété que les évaluations des devis des ingénieurs se sont trouvées bien au-dessous de la réalité, bien inférieurs aux dépenses effectives. Dès nos premiers pas dans les paragraphes suivans, nos lecteurs concevront toute l'importance, que M. le ministre doit attacher à ce que *cette bourde puisse s'accréditer*. Mais aussi dès nos premiers pas, on verra comparaître MM. Simons et De Ridder et M. Nothomb, lui-même, son budget de 1838 à la main, pour démontrer toute la large et ample suffisance des évaluations des devis, et rendre hommage à cette incontestable vérité : *Que les évaluations des devis des ingénieurs pour les diverses sections décrétées, loin d'être inférieures aux dépenses réelles, effectives, ont été et seront, au contraire, supérieures à ces dépenses :* mais n'anticipons point. Toutefois, ce que nous venons de dire, suffira, nous le croyons, pour engager les lecteurs à ne rien préjuger encore sur la réalité des frais de construction du réseau de nos chemins de fer, d'après le total général de la case 22 du tableau synoptique. Ce n'est qu'après avoir passé en revue ce qui a été fait jusqu'ici, et c'est l'objet de la première partie de ce travail, que nous pourrons aborder, dans la seconde partie, le *capital total auquel devra s'élever en réalité la construction de l'ensemble du réseau de voies ferrées formant le railway national.* Aux faits irréfragables de pratique dans cette matière, posés dans la première partie, nous joindrons dans la seconde le parallèle raisonné des railways, anglais, français et américains, pour mettre nos lecteurs à même d'asseoir un jugement sûr et éclairé sur ce sujet si important pour le pays.

§ 2. — *Des frais pour acquisition des terrains, expropriations et indemnités sur les treize sections en exploitation au 12 novembre 1839.*

Voici d'après le tableau n° 7 du compte-rendu Nothomb, les dépenses pour emprises de terrains, indemnités et frais de justice pour les 13 sections, livrées à l'exploitation le 12 novembre 1839. Nous produisons, en regard, les données correspondantes d'après les dévis des ingénieurs, données extraites du tableau synoptique à la fin de la brochure.

INDICATION des SECTIONS.	COMPTE-RENDU DU 12 NOVEMBRE.	DEVIS DES INGÉNIEURS (¹).			
	Emprises de terrains. Indem-nités Frais d'acquisition et de justice. Fr. c.	Acquisitions de terrains. Expropriations et indemnités. Fr.	Terrains ac-quis en bloc, tant pour le corps de la route que pour déblais et dépôts. Hectares.	Frais d'acqui-sition par hectare.	Largeur de la route au ras du sol, d'a-près la la case 8 tableau.
Bruxelles à Malines. . .	787277-24	263520	37	7392	14.74
Malines à Anvers. . . .	825194-30	302400	37	8173	13.09
Malines à Termonde . .	385762-95	326000	47	6936	13,46
Termonde à Gand . . .	1468253-89	335000	46	7283	12,70
Gand à Bruges.	1094458-03	400000	71	5633	13,60
Bruges à Ostende. . . .	540376-20	210000	39	5385	14,13
Gand à Deynse.	286376-24	} 766667	117 (²)	6571	15,31
Deynse à Courtrai . . .	661568-71				
Malines à Louvain . . .	789544-48	212220	36	7314	14,31
Louvain à Tirlemont. .	522890-99	307800	67	4594	27,22
Tirlemont à Waremme.	468366-50	401760	106	3790	26,51
Waremme à Ans. . . .	439729-00	210600	59 (³)	3570	21,59
Landen à St-Trond . .	227408-42	147519	13,48	4686	24,48
TOTAUX. .	8497206-95	3883486	693,48		

Ainsi, les dépenses pour acquisition des terrains, expropriations et in-demnités, qui, d'après les devis des ingénieurs, auteurs des plans et projets, ne devaient s'élever pour ces treize sections qu'à 3,883,486 francs, se seraient élevés, à en croire le compte-Nothomb, à 8,497206,95....! La

(¹) Voir le tableau synoptique à la fin.

(²) La section de Gand à Courtrai, d'une longueur de 45 kilomètres, formant les 2/3 de la longueur totale de la ligne de Gand à Tournai, sur laquelle porte en bloc ou en masse, le devis des ingénieurs Simons et De Ridder (voir le tableau synoptique) l'auteur a considéré les 2/3 de cette masse comme directement affectée à la section de Gand à Courtrai.

(³) Pour la section de Waremme à Liége, d'une longueur totale de 26, 40 kilomè-tres, le devis de MM. Simons et De Ridder, évalue la totalité des terrains à acquérir, pour l'assiette de cette ligne à 89 hectares estimés d'une valeur de 421,200 fr., soit 4732 fr. l'hectare (voir le tableau synoptique à la fin de la brochure.)

La section de Waremme à Ans a 18, 90 kilomètres longueur, par conséquence, à fort peu près, les 3/4 de la longueur totale de la ligne de Waremme à Liége. Néan-moins l'auteur prend pour base que les deux tiers des 89 hectares, soit 59 hectares, ont été affectés à la construction de cette section; et, attendu que ces terrains sont en rase-campagne, il ne prend pour leur valeur que la moitié de l'évaluation totale Simons et De Ridder, ou 210,600 fr., soit 3570 fr. l'hectare.

Une note au tableau suivant de ce paragraphe démontre toute l'exactitude de cette évaluation.

différence est de 4613720 francs (quatre millions six cent et treize mille sept cent vingt francs), et cette différence est *injustifiable* par M. Nothomb et le conseil des ponts-et-chaussées, soit par Nothomb et Cᵒ. En voici les preuves.

Les frais pour acquisition de terrains, indemnités, expropriations etc., surpassant, d'après le compte-rendu, les évaluation des devis des ingénieurs de plus *du double*, cette énorme différence ne saurait provenir que de deux circonstances : ou bien de ce que la valeur des terrains à exproprier, se serait trouvée *double* de l'évaluation des ingénieurs; ou bien de ce qu'il aurait fallu *doubler* la quantité de terrains portés sur les devis. Or, ni l'une ni l'autre de ces circonstances ne s'est réalisée. Et en effet :

1° Il résulte des observations faites par MM. Simons et De Ridder (*Moniteur Belge* du 29 septembre et 6 octobre 1837, *Enquête*), que sur les sections de Bruxelles à Anvers, que l'on peut considérer comme présentant la plus forte valeur en dépenses pour acquisitions de terrains, indemnités et frais d'expropriation, le prix moyen de l'hectare, frais de justice, indemnités, tout compris, *n'a pas dépassé* les 6500 francs; et cependant l'on voit, sur le tableau, que la valeur moyenne s'est trouvée portée au devis de ces ingénieurs, à 7392 francs sur la section de Bruxelles à Malines, puis à 8173 francs sur la section de Malines à Anvers. Ainsi pour ces deux sections que l'on peut considérer comme ayant dû présenter le maximum de valeur *normale* en frais d'acquisition de terrains, expropriation, etc., les *frais réels* des divers élémens de l'acquisition des terrains nécessaires à l'assiette de la route, se sont trouvés *d'un bon tiers* inférieurs aux évaluations des devis. Il est à-peu-près certain qu'il a dû en être de même sur les autres sections. Du reste, si une enquête sur les délapidations commises par MM. Nothomb et Cᵒ, était ordonnée par les chambres, les cases 3 et 4 du tableau synoptique, en fournissant les évaluations des devis pour les frais d'acquisition des terrains, par hectare, et par verge des Flandres, pourraient aider puissamment à constater cette vérité : que pour les sections en exploitation, au nombre de treize, les dépenses réelles pour acquisition des terrains, indemnités, etc., loin d'avoir été *supérieures* aux évaluations des devis, leur ont été au contraire *inférieures*.

Observons aussi que dans leur devis estimatif de la section de Gand à Courtrai et Tournai, MM. Simons et De Ridder, forts de l'expérience acquise dans la construction des lignes qu'ils avaient déjà achevées à cette époque (8 mai 1837), n'ont pris que 6571 francs pour la valeur moyenne de l'hectare de terrain à exproprier, tous frais compris.

Pour justifier l'excédent énorme que le compte-rendu du 12 novembre présente pour les frais d'acquisition des terrains, sur les devis des ingénieurs, M. Nothomb, au paragraphe 7, pag. 125 de son document, met en avant un argument excessivement sujet à caution. Il s'appuie sur le parallèle entre les devis des ingénieurs-ponts-et-chaussées pour plusieurs routes ordinaires, et les frais d'établissement *effectifs* de ces mêmes routes; et il prétend justifier par la différence entre les frais des devis et les frais ef_fectifs, l'excédent analogue qui se serait manifesté dans l'acquisition des terrains requis pour l'assiete des treize sections en exploitation au 12 novembre. Mais n'aurait-on pas faits pour les routes ordinaires ce que l'on a fait pour le chemin de fer : n'aurait-on *caponné* que dans les frais de construction du railway, et se serait-on conduit avec intégrité dans la construction des routes ordinaires? c'est là un point que le pays a intérêt à éclaircir. En attendant, le moyen justificatif mis en avant par M. Nothomb, page 125 du compte-rendu, ne prouve qu'une chose : c'est qu'après avoir tiré au clair la conduite de M. Nothomb et du corps des ponts-et-chaussées dans les affaires du railway, il faudra aussi entreprendre la même besogne et examiner leurs faits et gestes dans la construction des routes ordinaires, aux fins que le pays aie le cœur net sur le ministère des travaux publics, et sache, si depuis la révolution, ce ministère a été autre chose qu'un réceptacle, un foyer de dégoûtantes turpitudes, d'effroyables irrégularités.... pour ne rien dire de plus.

2° En second lieu il est de toute impossibilité qu'il ait fallu *doubler* la quantité de terrains à exproprier ; car la dernière case du tableau de ce paragraphe, en indiquant la largeur de la route au ras du sol, démontre toute l'ample suffisance des terrains destinés à l'assiette de cette route, d'après les devis des ingénieurs : *la largeur du railway, à la base des billes ou au couronnement n'étant que de 7,50 mètres.* En outre, le tiers de la totalité des terrains acquis', comme on le voit case 6 du tableau synoptique à la fin de la brochure, est affecté aux deblais et aux dépôts; et cette masse de terrain, a dû plus qu'amplement suffire pour les rigoles et fossés bordant la route : Il est donc incontestable que les 603,48 hectares de terrains, requis d'après les devis des ingénieurs pour l'assiette des treize sections en exploitation au 12 novembre, et affectés au corps de la route, aux francs bords, déblais et dépôts, se sont trouvés dans la réalité plus qu'amplement suffisans, pour établissement de la route avec double voie. Du reste, voici comment s'expriment sur ce sujet MM. Simons et De Ridder, auteurs des plans et projets de toutes les sections, moins une, en exploitation au 12 novembre, pag. 39 de leur mémoire, 2ᵉ édition : « Attendu que l'économie même qui résultera du nouveau moyen de » communication sera, proportionnellement à la réduction des péages, une » cause d'augmentation de circulation sur la route, telle qu'un jour une » deuxième voie soit jugée indispensable, nous proposons en même temps » l'achat immédiat de tout le terrain nécessaire pour la seconde voie, » d'abord parce qu'elle n'augmente la largeur des emprises *que d'une très-* » *faible quantité, dont la valeur actuelle est connue,* et parce que plus tard » cette addition de terrain deviendrait extrémement coûteuse par la plus

» value même que la route aura donnée aux propriétés avoisinantes. » Or le tableau analytique à la fin de la brochure démontre que MM. Simons et De Ridder dans leurs devis pour l'acquisition des terrains nécessaires à l'assiette du railway, avec double voie, se sont basés sur les évaluations les plus amples qu'il fût possible d'admettre pour cet objet.

Ainsi, au résumé, il n'a point fallu *doubler* le prix des devis des ingénieurs pour les terrains nécessaires à l'assiette des treize sections en exploitation; et il n'a point fallu non plus *doubler* la quantité de terrains requis d'après ces devis pour ces sections. Impossible donc de justifier par ces deux bases fondamentales l'énorme excédent de 4,613,720 francs, présenté par le compte-Nothomb, sur les évaluations des devis des ingénieurs pour les frais d'acquisitions des terrains requis pour les lignes ici en question.

Maintenant aux démonstrations que nous venons de faire passer sous les yeux du lecteur, ajoutons le témoignage de M. Nothomb lui-même; et certes, parmi les choses extraordinaires auxquelles nous ont conduit nos recherches pour arriver à la vérité sur l'administration du Railway-National, ce ne sera pas une des choses les moins singulières que de voir M. Nothomb prouvant lui-même, et par ses propres documents, les déprédations et les vols masqués sous les chiffres de son compte-rendu du 12 novembre. A ces fins il suffira d'exhiber un extrait du budget présenté par ce ministre, à la chambre des représentans dans la séance du 18 decembre 1837. (Voir le *Moniteur* de cette date).

A cette époque, huit des treize sections actuellement en exploitation se trouvaient achevées. M. Nothomb rendit compte, dans la séance susdite, des frais de construction de ces huit sections, en comprenant dans le total général des frais de chaque section, les dépenses pour acquisitions de terrains, ouvrages d'art, travaux de terrassement, etc., pour la double voie, mais avec une simple voie de rails, et non compris les frais d'étude, les frais d'administration et de conduite des travaux, et l'intérêt des capitaux pendant l'exécution. Nous relatons ici ses données, en plaçant en regard celles corespondantes des devis des ingénieurs, et en y ajoutant une neuvième section, celle de Landen à St-Trond.

Frais de construction de neuf des treize sections achevées et en exploitation au 12 novembre 1839, avec dépenses d'acquisition des terrains, ouvrages d'art, terrassemens, etc., pour la double voie, mais avec une simple voie de rails, et non compris les frais d'administration, l'intérêt des capitaux pendant l'exécution, et les frais d'étude des projets.

	1° D'après les devis des ingénieurs (¹).	2° D'après les rapports de M. Nothomb.	
Bruxelles à Malines. . . .	fr. 1,725,920	fr. 1,308,833	Rapport du 18 déc. 1837.
Malines à Anvers	2,079,500	2,616,900	Idem.
Malines à Termonde . . .	2,081,200	1,890,193	Idem.
Termonde à Gand	2,554,100	2,460,202	Idem.
Malines à Louvain	1,864,050	2,618,519	Idem.
Louvain à Tirlemont . . .	2,628,000	3,244,009	Idem.
Tirlemont à Waremme . .	3,345,460	2,553,689	Idem.
Waremme à Ans (²) . . .	1,731,500	1,464,889	Idem.
Landen à St-Trond	987,771	826,308	Compte-rendu tabl. 7.
	fr. 18,997,501	fr. 18,983,542	

(¹) En prenant les données de la case 21 du tableau synoptique à la fin de la brochure, respectivement correspondantes à chacune de ces sections, et déduisant les frais d'administration et de conduite des travaux, l'intérêt des capitaux pendant l'exécution, et les frais d'étude des projets, tels qu'ils sont relatés cases 17, 18 et 19 du tableau synoptique.

(²) Suivant les bases exposées note 2 du tableau précédent de ce paragraphe, notre évaluation des frais de construction de la section de Waremme à Ans, porte sur l'acquisition *des deux tiers* des terrains affectés par le devis Simons et De Ridder à l'assiette totale de la ligne de Waremme à Liége, soit 59 hectares, estimés 210,600 fr. Pour la totalité de la ligne, les ouvrages d'art (voir le tableau synoptique à la fin de la brochure) sont estimés 572,800 fr., mais compris les plans inclinés évalués à 318,000 fr., et leurs dépendances estimées 79,800 fr. L'auteur a considéré les 175,000 fr. restans, et spécialement mentionnés pag. 48 du mémoire Simons et De Ridder, comme affectés aux ouvrages d'art de Waremme à Ans. Puis pour les travaux de terrassemens, il a été pris *la moitié* de la totalité de l'évaluation du devis, soit 444,500 fr. ; enfin pour les frais d'achat et de pose du railway, on a pris les 18,90 kilomètres de voie principale, augmentés de 3,10 kilomètres pour Gares à Fexhe et à la station d'Ans, etc., en tout 22 kilomètres, multipliés par 41,000, taux Simons et De Ridder, pour les frais d'achat et de pose de la voie de railway, avec rails de 22 kilogram., total 902,000 francs.

Donc 210,000 fr. pour acquisition des terrains ; 175,000 fr. pour ouvrages d'art ; 444,500 fr. pour travaux de terrassement ; 902,000 fr. pour frais d'achat et de pose du railway, total 1,731,500 fr. pour les frais de construction de la section de Waremme à Ans. Et l'on voit que notre évaluation est supérieure aux frais de construction effectifs de cette section, qui d'après le rapport officiel, présenté aux chambres, par M. Nothomb, dans la séance du 18 décembre 1837, ne se sont élevés qu'à 1,464,889 francs.

Ainsi pour ces neuf sections, complètement achevées, les huit premières au 18 décembre 1837, et la neuvième au 12 novembre 1839, et livrées à la circulation à ces deux époques, les frais de construction effectifs n'ayant été que de 18,983,542 fr., tandis que les devis des ingénieurs les avaient évalués à 18,997,501 francs, il se trouve que les frais de construction effectifs ont été de 13,959 francs inférieurs aux frais évalués dans les devis. De là suit comme conséquence, comme corollaire immédiat, que sur neuf des treize sections actuellement en exploitation, et sur lesquels portent les données du tableau n° 7 du compte-Nothomb, ni *les frais pour acquisition*, expropriation et indemnités des terrains, ni *les ouvrages d'art*, ni *les travaux des terrassemens*, ni *les frais d'achat*, de pose et d'assiette *des rails*, de 22 kilogrames au mètre, *n'ont pu* être supérieurs à l'évaluation des devis des ingénieurs; que bien au contraire, ils se sont trouvés de 13,959 francs inférieurs aux évaluations de ces devis.

Ce serait donc sur les quatre autres sections, savoir de Gand à Bruges, de Bruges à Ostende, de Gand à Deynse, de Deynse à Courtrai, que devraient porter les 4,613,720 francs, excédent de dépenses pour frais d'acquisition des terrains et indemnités, présenté pour les treize sections susmentionnées, par le compte-Nothomb, sur les frais pour le même objet suivant les devis des ingénieurs.

Or, le petit tableau suivant démontre que cela est impossible.

DÉSIGNATION DES SECTIONS.	Frais pour acquisition des terrains. Expropriations et indemnités.	Terrains acquis, en hectares.
Gand à Bruges.	400.000	71
Bruges à Ostende	210,000	39
Gand à Deynse . . ⎱ . . .	766,667	117
Deynse à Courtrai ⎰		
	fr. 1,376,667	227

Et en effet, si aux 1,376,667 francs affectés dans les devis des ingénieurs pour l'acquisition des 227 hectares de terrains nécessaires pour l'assiette de ces quatre sections, l'on ajoutait les 4,613,720 francs susmentionnés, il s'en suivrait que les frais d'expropriation, d'acquisition et d'indemnités pour les 227 hectares formant l'assiette de ces quatre sections, se seraient élevés à 5,990,387 francs, soit 26,389 francs l'hectare....! car il est, du reste, impossible qu'il ait fallu plus de 227 hectares de terrain pour l'assiette de ces quatre sections. Il y a donc également impossibilité de faire porter l'excédent de 4,613,720 francs en frais d'acquisition de terrains et indemnités, sur les quatre sections susindiquées.

Ainsi, en résumé de ce paragraphe, nous y avons démontré :

1° Que d'après le témoignage même de MM. Simons et de Ridder, il est impossible qu'il ait fallu *doubler* le prix des devis des ingénieurs pour les terrains nécessaires à l'assiette des treize sections en exploitation, tel que ce prix se trouve évalué au devis des ingénieurs.

2° Qu'il n'a point fallu non plus *doubler* la quantité de terrains requis d'après ces devis pour ces sections.

3° Que le témoignage même de M. Nothomb, parlant dans son rapport à la chambre des représentans, dans la séance du 18 décembre 1837, ainsi que dans le compte-rendu pour ce qui concerne la section de Landen à St-Trond, prouve que loin d'avoir été supérieur aux devis des ingénieurs, les frais pour acquisition de terrains et indemnités leur ont été au contraire *inférieurs*, pour neuf des treize sections en exploitation au 12 novembre 1839, et mentionnées au compte-rendu du 12 novembre.

4° Qu'il est également impossible de faire porter l'excèdent-Nothomb de 4,613,720 francs sur les quatre sections restantes et susmentionnées.

Or, pour pouvoir *justifier* l'excèdent de 4,613,720 francs, que les 8,497,206-95 francs relatés au tableau n° 7 du compte-rendu, présentent sur le total des frais pour acquisitions de terrains, expropriation et indemnités d'après les devis des ingénieurs, total porté sur ces devis pour 3,883,466 francs, il faudrait d'abord une solution complètement *affirmative* sur l'un ou l'autre des deux premiers points susmentionnés, ainsi que sur l'un ou l'autre des derniers points; et cette solution, au lieu d'être complètement *affirmative*, se trouvant au contraire complètement *négative*, il s'en suit que cette excèdent de 4,613,720 francs est *injustifiable....* qu'en conséquence sous les 8,497,206-95 francs figurant au tableau n° 7 du compte-Nothomb, pour prétendues dépenses pour emprises de terrains, indemnités et expropriations, sur les treize sections en exploitation au 12 novembre, se trouve masqué *un pur et simple vol-monstre* de QUATRE MILLIONS SIX CENT TREIZE MILLE, SEPT CENT ET VINGT FRANCS.

§ 3. — *Des dépenses pour ouvrages d'art sur les treize sections en exploitation au* 12 *novembre* 1839. *Parallèle entre les ouvrages d'art du railway belge, et les ouvrages analogues du Liverpool and Manchester railway.*

D'après la marche régulière et normale, généralement adoptée par les ingénieurs, soit dans les devis pour railways, soit dans les comptes-rendus des frais de construction de ces voies, les frais d'acquisition des terrains, les ouvrages d'art et stations, les travaux de terrassement, les frais d'achat et de pose des rails, forment autant d'élémens séparés, figurant chacun respectivement à part en ligne de compte. M. Nothomb a trouvé convenable de s'écarter de cette marche *normale*, dans son compte-rendu du 12 novembre, tableau n° 7. Après la colonne représentant dans ce tableau 7, les prétendues dépenses pour acquisitions de terrains pour

les treize sections en exploitation au 12 novembre, il se présente une
autre colonne où les dépenses pour ouvrages d'art, pour terrassemens et
pour frais de pose du railway, se trouvent amalgamées, entremêlées les
unes parmi les autres. Nous laisserons à d'autres le soin de dire et de prouver que cette marche irrégulière, suivie par M. Nothomb dans son compte-
rendu du 12 novembre, n'a eu pour objet que d'embrouiller ce document,
en un mot de fourvoyer *les éplucheurs* qui voudraient éclaircir ce dédale
de chiffres; nous bornerons ici notre mission à *débrouiller* les divers élémens amalgamés dans la seconde colonne du tableau n° 7 du document-
Nothomb, et dans cette besogne, il faudra nécessairement commencer par
les ouvrages d'art.

M. le ministre n'entrant dans aucun détail spécial sur les frais pour
ouvrages d'art sur les treize sections en exploitation au 12 novembre,
et mentionnés au tableau 7 du compte-rendu, force nous est de nous borner à relater ces dépenses telles qu'elles figurent au tableau synoptique à
la fin de la brochure.

DÉSIGNATION DES SECTIONS.	*Dépenses pour ouvrages d'art et stations, d'après les devis des ingénieurs.*
Bruxelles à Malines	191,000
Malines à Anvers	252,500
Malines à Termonde.	120,000
Termonde à Gand.	261,000
Gand à Bruges.	229,000
Bruges à Ostende	185,000
Gand à Deynse	528,000 (¹)
Deynse à Courtrai	
Malines à Louvain.	147,800
Louvain à Tirlemont	773,000
Tirlemont à Waremme.	174,400
Waremme à Ans	175,000 (²)
Landen à St-Trond	193,315
	fr. 3,230,015

Ce capital affecté dans les devis des ingénieurs à la construction des
ouvrages d'arts et dépendances, sur les treize sections susmentionnées,

(¹) D'après les motifs exposés dans la note au § 2, nous avons pris pour les dépenses
en ouvrages d'art sur la section de Gand à Courtrai, les deux tiers de la dépense
totale figurant pour ces objet sur le devis de la section de Gand à Tournai.

(²) L'on a vu dans une note au § 2 de ce chapitre, pourquoi les ouvrages d'art sur
cette section ont été évalués à 175,000 fr., et cette note fournit en même temps les
preuves de l'exactitude de cette évaluation.

n'a point été dépassé et n'a pu l'être, comme nous allons en fournir la preuve.

Les ouvrages d'art des chemins de fer sont les mêmes que ceux pour les canaux. Ce sont des ponts, ponteeaux, rigoles, viaducs : et certes ce n'est point dans des travaux de ce genre que nos sommités des ponts-et-chaussées, MM. Simons, De Ridder, Vifquain, De Moor, Noël et Groetaers, sont gens à faire des mécomptes. Observons d'ailleurs que MM. Simons et De Ridder, qui sont les auteurs des plans et devis de douze des treize sections susmentionnées, ont assis leurs devis pour les ouvrages d'art sur les plus larges bases, comme on en voit la preuve dans leur Mémoire, pag. 41, seconde édition, où ils s'expriment ainsi : « Sur une ligne aussi » étendue que celle de la nouvelle route d'Anvers et Bruxelles, à Liége et » à Cologne, les ouvrages d'art sont nombreux, mais aucun toutefois ne » présente de difficultés réelles, et ne peut donner lieu à des dépenses im- » prévues extraordinaires; si ce n'est le pont de la Meuse, et ceux de » l'Ourthe, de la Roër et de l'Erft. — Les autres ponts, aquedues ou pont- » ceaux, sont de trop peu d'importance pour devenir ici l'objet d'une dis- » cussion. Nous devons seulement faire remarquer que dans nos devis, nous » avons calculé la largeur des ponts à l'égard de la route en fer, de ma- » nière à recevoir deux voies, etc. (¹). Aussi pour preuve de l'ample lar- geur que ces deux ingénieurs ont donné aux bases de leur évaluation pour les travaux d'art des sections étudiées par eux, devons-nous faire observer à nos lecteurs, que sur la ligne de Bruxelles à Anvers, qui en fait d'ouvrages d'art, a été la plus coûteuse, les *dépenses effectives*, au lieu d'être supérieures aux devis, se sont au contraire trouvées infé- rieures : et ce sont MM. Simons et De Ridder eux-mêmes qui se chargent de nous en fournir les preuves, par leurs allégations consignées au *Moniteur belge* du 29 septembre 1837 (Enquête). Voici comment ils y mentionnent le prix des ouvrages d'art exécutés sur cette ligne.

(¹) Ainsi dès le principe, et d'après les devis des ingénieurs, les ponts furent desti- nés à avoir la même largeur que celle du railway à son couronnement ou à la base des billes, c'est-à-dire de 7,50 à 8 mètres. Ceci rend complètement mensongère l'asser- tion de M. Nothomb, par laquelle le ministre, pour justifier l'énorme excédent que les frais de son compte-rendu présentent sur les évaluations des devis des ingénieurs, prétend, au tableau 37 du document du 12 novembre, que les ponts ne furent d'abord projetés que sur une largeur de 6 mètres de tête en tête. Ce sont ici MM. Simons et De Ridder eux-mêmes, qui se sont chargés, bien à leur insu, de *démentir officielle- ment* M. Nothomb.

Le pont sur la Nèthe à Duffel, de 61 mètres d'ouverture, en 7 arches avec partie mobile en fer, de 8 mètres
d'ouverture pour la navigation ([1]) . . . .   fr. 156,780 43

Le pont de la Dyle à Malines, de 30 mètres d'ouverture.   58,382 00

Pont tournant sur le canal de Louvain, de 8,20 mètres
d'ouverture. 51,994 75

Pont sur la Senne à Laeken, de 12 mètres. 13,829 15

Deux ponts à sempts et Heppeghem, de 13 mètres d'ouverture chaque, en deux arches 25,210 44

Un pont de 11 mètres d'ouverture sur le Vryvliet. . .   6,630 03

Un pont de 6,50 mètres d'ouverture à Malines 7,242 96

Un pont de 5 mètres d'ouverture sur le canal d'Ho-
renthals 3,799 33

Dix-huit ponteeaux de 1 à 3,40 mètres d'ouverture. .   33,992 69

Total.   fr. 357,861 78

Ainsi sur la ligne de Bruxelles à Anvers, les dépenses pour ouvrages
d'art, proprement dits, se sont élevées à 357,861-78 fr. Mais d'après les
devis des ingénieurs, elles se trouvent évaluées pour la même ligne à
443,500 francs; savoir 191,000 fr. pour la section de Bruxelles à Malines, et 252,500 pour la section de Malines à Anvers ([2]). Les dépenses

([1]) Nous en sommes peinés pour M. Nothomb, mais force nous est de le surprendre
ici en *flagrant délit de mensonge*, dans son document du 12 novembre. Il assure
au tableau 37 du compte-rendu, que le Grand-Pont sur la Nèthe à Duffel, qui
n'avait été projeté qu'en charpente, a été construit en maçonnerie. — Or, si cela *était
vrai*, si ce pont ne figurait qu'en charpente sur le devis de MM. Simons et De
Ridder, il s'en suivrait que sa construction en pierres de taille aurait nécessairement
produit une forte augmention, un fort excédent dans les dépenses *effectives* pour
ouvrages d'art, sur ces dépenses d'après les évaluations des devis. Or. loin d'être en
excédent, loin d'être supérieures aux dépenses évaluées dans les devis, les dépenses effectives pour ouvrages d'art, se trouvent au contraire inférieures. Donc ces
projets de ponts en bois pour le railway, sont de pures inventions de M. Nothomb...
Eh ! MM. Simons et De Ridder avaient-ils vu des ponts en bois sur les railways qu'ils
étaient allés étudier en Angleterre......? et eussent-ils osé projeter dans leurs devis
pour nos railways une aussi mesquine innovation.

([2]) Le superbe pont sur la Nèthe à Duffel, sur la ligne de Malines à Anvers, le
géant des ponts exécutés jusqu'ici sur nos chemins de fer, est un monument que la
Belgique peut fièrement mettre en parallèle avec les plus beaux ouvrages de ce genre,
exécutés sur aucun railway connu. D'après le rapport officiel inséré au *Moniteur
belge* du 29 septembre 1837, de MM. Simons et De Ridder (Enquête), et qui est
susmentionné dans le texte, il n'aurait coûté que 156,780-43 francs. Mais, d'après la
3ᵐᵉ édition du mémoire de ces deux ingénieurs, le même pont aurait coûté 160.216 fr.
D'où provient cette différence....? Quoiqu'il en soit, nous pensons que les lecteurs
ne nous sauront pas mauvais gré de leur présenter le détail des frais de construction,

effectives se sont donc trouvées de 85,638-22 fr. inférieures aux évaluations des ingénieurs. Il est vrai que MM. Simons et De Ridder, comme ils l'assurent pag. 42 de leur Mémoire, ont compris dans leurs devis pour ouvrages d'art la construction des bureaux de recette, maisons de garde, de pontonniers et de cantonniers; réservoirs d'eau pour les machines locomotives; ponts à peser, etc; enfin toutes les dépendances ordinaires nécessaires pour assurer et faciliter l'entretien de la route, la marche des transports et la perception des péages, et ces articles ne se trouvant pas mentionnés dans le détail donné par MM. Simons et de Ridder, au *Moniteur* du 29 septembre, détail que nous venons de relater, l'on peut considérer l'excédent de 85,638-22 fr. trouvé ci-dessus, comme affecté à la construction et l'acquisition de ces divers objets. De sorte que l'on peut en toute certitude admettre en fait, que sur la ligne de Bruxelles à Malines, les frais effectifs pour ouvrages d'art n'ont point dépassé les évaluations des devis des ingénieurs. Les travaux d'art sur les autres lignes formant les treize sections en exploitation au 12 novembre n'étant que la répétition de ceux dont nous venons de faire passer le prix sous les yeux de nos lecteurs, et ces travaux ayant été étudiés et exécutés par les mêmes ingénieurs, il est certain que là non plus les évaluations des devis n'ont pas été dépassées. D'ailleurs, nous le répétons, tous ces ouvrages d'art étaient d'une nature trop ordinaire, et MM. Simons et De Ridder l'avouent eux-mêmes, dans le passage de leur Mémoire rapporté plus haut, pour qu'il pût y avoir des mécomptes dans les évaluations des devis sur les frais de construction de ces ouvrages.

Un seul genre de travaux d'art aurait pu, par sa nouveauté en Belgique, causer quelqu'embaras à nos ingénieurs : c'était le creusement des *tunnels*. Eh bien! pour les frais de construction effectifs du seul tunnel que nous ayons jusqu'ici, du tunnel de Comptich près Tirlemont, MM. Simons et De Ridder se sont réservé, dans le devis des frais de construction de ce tunnel, une *énorme provision* pour frais extraordinaires et imprévus, provision qui, bien qu'elle atteignit les 50 p. 100, s'est cependant trouvée, on ne sait trop comment, à fort peu près *absorbée*, comme il appert d'après les frais de construction effectifs : cet allégué

tels qu'ils se trouvent consignés au Mémoire susmentionné de MM. Simons et De Ridder, 3ᵐᵉ édition.

Terrassemens.	fr. 4,615
Charpente	30,203
Battage de pilots	11,454
Maçonnerie.	55,469
Fer, non compris la partie tournante	18,093
Plomb, rejointement, etc	5,382
Mécanisme et tablier du pont tournant	35,000
	fr. 160,216

est d'ailleurs trop important pour le pays, pour que nous ne croyions pas obligé d'en administrer immédiatement la preuve. La voici : D'après le devis (V. le tableau synoptique à la fin de la brochure) les ouvrages d'art sur la section de Louvain à Tirlemont, figurent pour 773,000 francs, dont à fort peu-près 650,000 francs pour le tunnel de Comptich, qui, d'une longueur de 925 mètres, a coûté, après achèvement parfait et détail extrait de la 3ᵉ édition du Mémoire de Simons et De Ridder (¹), 608,743 francs, soit 658 francs par mètre. Et, si l'on considère que le creusement de ce tunnel ne peut avoir donné lieu à aucune difficulté extraordinaire réelle, et qu'il n'est construit que *pour la simple voie*, l'on ne peut manquer de trouver qu'il en a *coûté à la Belgique énormément cher*, pour avoir elle aussi son grand tunnel : car à la rigueur, on eut pu se dispenser de nous bailler ce coûteux ouvrage. Du reste, le parallèle suivant entre le tunnel *de Comptich*, et le grand-tunnel du *Liverpool and Manchester railway*, met dans tout son jour *l'énormité des prix du grand tunnel belge.*

La longueur totale du tunnel principal du Railway de Liverpool à Manchester (Wood, Chemins de fer, pag. 158) est de 2,057 mètres 35 centimètres; sa largeur est de 6,70 mètres, et il est construit en conséquence *pour la double voie;* sa hauteur, à la clef de voûte, est de 4,88 mètres. Les piédroits sont verticaux, et leur hauteur est de 1,53 mètres. La voûte qui les surmonte, est un demi-cercle de 3,35 mètres rayon. La galerie est percée dans des couches de diverse nature, de roche rouge, d'argile bleu et de glaise ; mais les principales couches sont formées de roches de diverses espèces et de différents dégrés de dureté, *depuis le grès le plus friable, jusqu'à la pierre la plus compacte et la plus difficile à extraire et à tailler.* On a construit une voûte artificielle en maçonnerie de briques partout où la roche menaçait de ne pouvoir supporter les masses supérieures. La hauteur depuis le plafond de la galerie jusqu'à la surface extérieure de terrain, varie de 1,52 jusqu'a 21,33 mètres. Le souterrain est blanchi à la chaux et *éclairé au gaz dans toute son étendue;* il se termine par une vaste tranchée de 12,65 mètres hauteur. Les frais de construction se sont élevés à 34,791 livres 4 schill., ou 877,085-75 francs; donc 426 francs par mètre.

Ainsi là où le grand-tunnel du *Liverpool and Manchester Railway*, avec ses immenses difficultés de construction, *sa double voie,* son éclairage

---

(¹) Déblais et Maçonnerie . . . . fr. 540,200
Rigoles 9,100
Une Maison de garde. 3000
15 Puits d'aérage. 42,800
Régalement des terres d'extraction, frais divers pour épuisement   13,643

fr. 608,743

au gaz, construit par les ingénieurs d'une compagnie anonyme, n'a coûté que 426 francs par mètre, le tunnel de Comptich, construit sous la direction des ingénieurs de l'état, Simons et De Ridder, a coûté, avec *sa simple voie, et sa construction, du reste fort peu difficultueuse, 658 francs* par mètre, soit 232 francs, ou près d'un tiers plus que le tunnel anglais. Et le surcroit se bornerait effectivement là, si à circonstances *égales dans les difficultés de construction*, il ne fallait point recourir à une autre règle pour déterminer *le prix comparatif réel* du creusement des tunnels : car, dans l'évaluation de ce prix, c'est *la largeur du tunnel, multipliée par sa hauteur à la clef de voûte, qui fournit par mètre le chiffre de comparaison dans le parallèle des travaux et des frais de construction des tunnels*, et c'est en divisant par ce chiffre les frais de construction du tunnel, que l'on obtient le chiffre représentant la véritable base du parallèle entre les frais de construction de tunnels divers, dans l'hypothèse qu'ils soient exécutés à circonstances égales. Ainsi la largeur du tunnel de Comptich étant de 3,90 mètres, et sa hauteur à la clef de voûte de 5,50 mètres, on a 5,50, multiplié par 3,90, soit 21,45 ; puis ses frais de construction revenant à 658 francs par mètre, l'on a 658, divisé par 21,45, soit 30,67 pour son chiffre de comparaison. Le grand tunnel du *Liverpool and Manchester railway* ayant 6,70 mètres largeur sur 4,88 mètres hauteur à la clef, l'on a d'abord 6,70 multiplié par 4,88, soit 32,70 ; puis ses frais de construction n'étant que de 426 francs par mètre, l'on obtient 426, divisé par 32,70, soit 13,02 pour son chiffre de comparaison. Divisant les deux chiffres de comparaison, l'un par l'autre, l'on trouve 30,67, divisé par 13,02, soit 2,35, d'où suit qu'en représentant par 1 les frais de construction du grand tunnel de la voie de Liverpool à Manchester : les frais de construction de notre tunnel de Comptich, se trouveraient, à circonstances égales, représentés par 2,35.

Ainsi, le tunnel de Comptich, comparé au grand tunnel du *Liverpool and Manchester railway*, tel qu'il est décrit dans le traité des chemins de fer de Wood, a coûté par mètre, 1,35 fois davantage : et cependant l'on a vu d'après les détails précédens, que le creusement du tunnel anglais a offert des difficultés bien autrement grandes que la construction de la galerie belge, et que les ingénieurs anglais de la compagnie concessionnaire du railway ont eu à lutter contre toutes les difficultés qui se présentent dans le creusement des tunnels.

Heureusement l'énorme surcroit de dépense que le tunnel de Comptich présente sur les frais de construction du grand tunnel de la voie de Liverpool à Manchester, n'existe que pour cet ouvrage seul. Du moins il ne parait point de sensible différence entre le prix belge et les prix anglais pour les autres ouvrages d'art, tels que ponts, ponceaux, aqueducs et viaducs. Les parallèles suivans, entre l'exécution de ces divers ouvrages sur le railway-belge, et les frais de construction d'ouvrages analogues sur le *Liverpool and Manchester railway*, en offre la preuve.

GRANDS PONTS.

Le grand pont sur la Nèthe à Duffel, de 61 mètres d'ouverture en 7 arches, avec partie mobile en fer de 8 mètres d'ouverture pour la navigation, construit en briques avec paremens en pierre de taille, a coûté. . . . . fr. 156,780

Le pont de Newton, du *Liverpool and Manchester railway* (Voir Wood, Chemins de fer, pag. 160) en quatre arches de 9,14 mètres d'ouverture, sur 8,22 mètres hauteur des arches à la clef, et qui doit avoir en conséquence au moins 45 mètres longueur, a coûté, construit en maçonnerie de briques avec paremens en pierres de taille. 134,583

Le pont du canal du Duc, du même railway, en deux arches de 7,62 mètres largeur, sur 3,65 mètres de hauteur à la clef et ayant par conséquence une longueur au moins de 20 mètres de tête en tête, construit en moëllon appareillé, a coûté. 29,193

Deux ponts à Sempst et Heppeghem de 13 mètres d'ouverture, chaque en deux arches, ont coûté ensemble. 25,210

VIADUCS.

Le viaduc de Malderen, qui a son homologue à Wetteren et sur plusieurs autres points de la ligne de Louvain à Ans, a coûté. . . . . fr. 13,509

Sur le *Liverpool and Manchester railway*, le viaduc de Park, de 9,14 mètres largeur, sur 8,15 mètres hauteur à la clef, construit en briques, avec paremens en pierre de taille, a coûté 741 livres 5 schellings sterling, ou 18,679

Plusieurs autres exemples, pour des viaducs, ponts, ponteeaux, etc., prouveraient au besoin que les ouvrages d'art du railway belge ont été exécutés au même prix que ceux de la voie de Liverpool à Manchester.

Il n'y a donc pas eu, il ne pouvait y avoir de mécomptes dans les évaluations du prix de ces ouvrages; leur nature toute ordinaire, et leur simplicité ne le permettaient point; Simons et De Ridder l'assurent d'ailleurs positivement; aussi là où M. Nothomb allègue, ainsi que cela a lieu au tableau 37 de son document du 12 novembre, de prétendus mécomptes dans les devis pour ouvrages d'art, ces mécomptes ne sont allégués que pour masquer les fautes de nos ingénieurs, là où ils ont mordu trop avant dans le fruit défendu, et bu avec trop d'avidité à la cruche aux pots-de-vin. Il est fort probable qu'une enquête sur le tunnel de Comptich le prouverait à l'évidence.

Ainsi, en résumé de ce paragraphe 4, nous y avons démontré et par les faits, et par le témoignage des ingénieurs Simons et De Ridder, et par le parallèle entre nos ouvrages d'art et les travaux analogues du *Liver-*

pool and Manchester railway, qu'il est impossible que le capital de 3,230,015 francs, affecté d'après les devis des ingénieurs à la construction des ouvrages d'art et dépendances sur les treize sections en exploitation au 12 novembre, *ait pu être dépassé*. Il est même indubitable qu'une enquête sur le chapitre prouverait que la construction de ces ouvrages *est loin d'avoir atteint en réalité* le capital de 3,230,015.

Mais pour abréger ici notre besogne, et pour ne point avoir à entrer dans des détails trop étendus, nous nous bornerons à poser ici provisoirement en ligne de compte 3,230,015 francs pour dépenses pour ouvrages d'art, sur les treize sections en exploitation au 12 novembre 1839, · et jusqu'à ce jour 14 avril 1840.

Partant, pour parfaire notre tâche de débrouiller la seconde colonne du tableau n° 7 du document-Nothomb, colonne où plusieurs élémens, qu'il eut fallu faire figurer séparément en ligne de compte, se trouvent amalgamés, nous avons à déduire 3,230,015 fr. au total général de cette colonne, comme dépenses pour ouvrages d'art sur les treize sections en question. Ainsi, il reste 14,531,530-95—3,230,015, soit 11,301,515-95 fr., capital dans lequel nous aurons maintenant à débrouiller et à déterminer la dépense réelle pour terrassemens et frais de pose du railway, sur les treize sections prémentionnées.

§ 4. — *Des Travaux de terrassement sur les treize sections en exploitation au 12 novembre 1839.*

Il a déjà été dit au paragr. 3 de ce chapitre qu'à la seconde colonne du tableau n° 7 du compte-rendu Nothomb, les ouvrages d'art, les frais de terrassement et les frais de pose du railway sur les treize sections en exploitation au 12 novembre, figurent amalgamés, pour un capital masse de 14,531,431 francs, lequel, après déduction de 3,230,015 fr. pour ouvrages d'art (voir le parag. 3) se trouve réduit à 11,301,515 fr., portant sur les travaux de terrassement et les frais de pose du railway sur les treize lignes en question.

Non plus que pour les ouvrages d'art, le document Nothomb n'entre dans aucun détail sur les frais de terrassement pour ces treize sections. Ici donc encore force nous est de recourir aux devis des ingénieurs pour suppléer au silence du ministre. Voici donc ces devis pour les treize sections.

TRAVAUX DE TERRASSEMENS.

DÉSIGNATION DES SECTIONS (Voir le tableau à la fin).	REMBLAIS ET DÉBLAIS. Mètres cubes, en bloc.	TOTALITÉ DES FRAIS, en francs.	FRAIS. Mètre cube.
Bruxelles à Malines	186.000	94.600	,50
Malines à Anvers.	160.000	81.400	,59
Malines Termonde.	210.000	110.000	,52
Termonde à Gand	280.000	150.000	,53
Gand à Bruges.	300.000	160.000	,53
Bruges à Ostende	190.000	100.000	,53
Gand à Deynse. . . . .) (¹) Deynse à Courtrai . . .)	913.334	456.667	,50
Malines à Louvain	214.000	151.030	,70
Louvain à Tirlemont.	872.000	563.200	,69
Tirlemont à Waremme . . .	1,735.000	1,293,300	,75
Waremme à Ans (²).	671.500	444.500	,66
Landen à Sᵗ-Trond (³). . . .	296,257	196,530	,66
	6,028,091	fr. 3,801,227	

De ces treize sections, douze ont été étudiées et projetées par MM. Simons et De Ridder. Or voici comment ces deux ingénieurs s'expriment au sujet des travaux de terrassement, dans la seconde édition, pag. 40 de leur Mémoire sur la route en fer d'Anvers à Cologne : « Les mouvemens de » terre considérables que nécessite dans quelques localités montagneuses, » l'établissement de la route, par suite des pentes voulues pour un trans- » port facile, ont été étudiés avec tout le soin nécessaire. Nous avons com- » biné nos devis de terrassement de manière à assurer, quelle que soit la » nature du terrain, des francs bords convenables à la route, tout en re- » servant pour l'exécution les moyens d'économie que cette nature du » terrain pourra offrir.

(¹) Pour leur devis sur la ligne de Gand à Tournai, MM. Simons et De Ridder ne font qu'indiquer en bloc leur évaluation des frais pour terrassement, portés pour la totalité de cette ligne à 685,000 francs. Par suite des motifs donnés dans une note du § 2 de ce chapitre, nous avons pris les deux tiers du capital pour les frais de terrasse- ment sur la section de Gand à Courtrai, soit 456.667 fr., pour lesquels à 50 par mètre cube, nous partons en ligne un cubage de 913.334 mètres cubes, de travaux de ter- rassement, pour suppléer à cet égard au silence du devis.

(²) La note 2 du second tableau du § 2, a déjà fait connaître aux lecteurs que pour la section de Waremme à Ans, nous avons triplé *la moitié* du cubage et des frais de terrassement portés, sur le devis Simons et De Ridder, pour la totalité de la ligne de Waremme à Liége, pour 1,343,000 mètres cubes, évalués à 889.000 francs.

(³) Le devis de MM. l'inspecteur Vifquain et Groetaers pour la section de Landen à Sᵗ-Trond, n'indique que le total, en bloc, des frais de terrassement. Pour évaluer le cubage des terrassemens, nous supposons que là, comme sur la section la plus voi- sine de cette ligne, celle de Waremme à Ans, ils ont dû être estimés à 66 fr. le mètre cube en moyenne. De là 296,257 mètres cubes, déduits de 196,530 francs.

Ce témoignage des deux ingénieurs eux-mêmes suffirait déjà pour prouver que les devis en terrassemens, devis qui du reste présentaient trop peu de difficultés pour qu'il *fût permis* à des ingénieurs-chefs des ponts-et-chaussées d'y faire des mécomptes, ont été assis sur de si amples, de si larges bases, qu'il était au fond impossible qu'ils fussent dépassés, *que même ils fussent atteints* : c'est ce qu'une enquête consciencieuse prouverait à l'évidence. Une simple opération géométrique, basée sur la case 13 du tableau synoptique, suffirait au besoin, non-seulement pour mettre dans tout son jour l'ample suffisance, mais aussi l'énorme provision que les ingénieurs se sont réservée dans leurs devis de terrassemens (¹). Que si, pour justifier de prétendus mécomptes dans les travaux de terrassemens, on voulait s'en rapporter aux adjudications, oh! alors ce serait nous conduire de plain pied sur le terrain des vols et des déprédations, qui se sont commis sous le manteau et sous les auspices des adjudications.... Eh! n'a-t-on pas adjugé à 17 francs le mètre cube du sable de mer, qu'on pouvait se procurer à 3, à 2 et même à 1 franc... Qu'il ne soit donc pas question des adjudications de MM. Nothomb et Cᵒ.... pour le moment du moins.

Enfin, la preuve la plus flagrante, la plus irréfragable de ce que les évaluations des devis pour les frais de terrassement n'ont pas été dépassés en réalité, résulte du second tableau du paragr. 2 de ce chapitre, offrant le parallèle entre les évaluations des devis et les frais effectifs des sections achevées au 18 décembre 1837. Parmi ces sections se trouvent celles qui, en fait de travaux de terrassement, avaient offert le plus de difficultés, comme celle de Malines à Louvain, avec le *grand remblai* devant la dernière de ces villes; les sections de Louvain à Tirlemont, de là à Waremme, de Waremme à Ans. Or l'on a vu que d'après le résultat du parallèle auquel nous renvoyons, il était impossible que les évaluations des devis pour les travaux de terrassemens, s'y soient trouvés dépassés par les frais réels..... et cela nonobstant les adjudications.

Ainsi de fait, c'est *un maximum*, et c'est même une concession, comme nous le démontrerons au besoin, que d'admettre pour les frais de terrassement sur les treize sections mentionnés au compte-rendu, le chiffre des devis, soit 3,801,227 francs. En déduisant ce capital des 11,301,515 francs. susmentionnés au commencement du paragraphe, il reste 7,500,288 francs portant directement sur les prétendues dépenses pour frais de pose du railway sur les treize sections en exploitation au 12 novembre 1839.

La voilà donc débrouillée, cette deuxième colonne du tableau

(¹) L'expérience a démontré qu'il fallait au moins cinq ans pour asseoir entièrement et effectuer le tassement parfait des remblais : et que dans cette période ils perdaient près d'*un cinquième* de leur volume. Ainsi, en tenant compte de ce fait, il devient très-facile de procéder à la vérification des travaux de terrassemens sur les voies achevées, aussi bien pour les routes ordinaires que pour les railways.

n° 7 du document-Nothomb, colonne ou se trouvaient amalgamés et fort problablement à dessein, plusieurs élémens, qui, d'après la marche régulière et normale dans cette branche, eussent dû être men·tionnés chacun séparément. Le total général de cette colonne, soit fr. 14,531,530-95, se trouve ainsi décomposé en 3,230,015 francs pour ouvrages d'art; 3,801,227 francs pour travaux de terrassement; enfin 7,500,288-95 francs pour frais des pose du railway sur les treize sections en exploitation au 12 novembre 1839 et auxquelles se borne encore l'exploitation actuelle, avril 1840. Et si, dans l'opération du triage, du dépouillement de ces divers articles, il nous a fallu appuyer un peu longuement pour faire, et d'après les devis, et d'après le témoignage même de MM. Nothomb, Simons et De Ridder, la part exacte des ouvrages d'art et des travaux de terrassemens, c'est que l'analyse des données du document-Nothomb sur les frais d'assiette et de pose de railway, tout en nous conduisant à la question *du sable de mer*, si courageusement soulevée et débattue par MM. Van Hoebrouck-De Fiennes et De le Haye, députés des Flandres à la chambre des représentants, doit aussi mettre le pays sur les traces d'un *vol-monstre* de plus de CINQ MILLIONS DE FRANCS, masqué sous le chiffre 7,500,288-95 fr., qui d'après l'analyse de cette partie du compte-rendu du 12 novembre, représente les frais d'assiette et de pose du rail-way sur les treize sections en question. Nous allons préluder à la démon-stration de cette immense déprédation par les investigations du paragraphe suivant.

§ 5. — *Détermination de la moindre expression à laquelle on puisse réduire les frais d'achat, d'assiette et de pose de la simple voie de Railway, soit avec rails de 17,50, soit avec rails de 22 kilogram. au mètre, en accordant aux entrepreneurs des bénifices loyaux, fort honnétes et satisfaisans. Recherches préludant aux preuves d'une deprédation-monstre de plus de cinq millions de francs, ainsi qu'à la question du sable de mer.*

D'après les détails donnés par MM. Simons et de Ridder, *Moniteur belge* du 29 septembre 1837 (Enquête sur l'embranchement du Haiuaut), le mètre courant de railway, simple voie, avec rails de 22 kilogram. au mètre, reviendrait à 41 francs par mètre, soit 41,000 francs par kilomètre. On voit par les notes au tableau synoptique, que nous avons adopté cette donnée dans la rectification des devis, avec rails de ce calibre. Mais ces deux ingénieurs, en opposant cette évaluation à celle que MM. Vifquain, De Moor et Noël avaient adoptée dans leurs devis pour la ligne de Bruxelles à la frontière française par Valenciennes, et qui corespondait à 42,50 francs par mètre, ou 42,500 francs par kilomètre, assurent que leur évaluation de 41,000 par simple voie avec rails de 22 kilogram., et coussinets proportionnels, est assise sur une *fondation largement calculée*, et dans la bouche de ces messieurs, c'est dire qu'on ne saurait prendre plus *sans outrer démesurément les choses*. En conséquence, nous avons à aborder ici un problème de la plus haute importance pour les frais d'établissement de nos Railways, c'est de rechercher :

S'il est bien possible qu'avec les bénifices licites, loyaux, honnétes, auxquels le ministre des travaux publics et son conseil des ponts-et-chaussées, devaient borner les bases des adjudications dans l'intérêt des capitaux que la nation leur avait confiés pour la construction de ses chemins de fer, les frais d'achat et de pose des rails, aient bien pu atteindre, par kilomètre, le chiffre 41,000 francs avec rails de 22 kilogram.?

Non... et nous allons le démontrer :

Pour les deux espèces de rails, pour ceux de 17,50 comme pour ceux de 22 kilogram.; les frais pour billes, pose et fournitures sont *les mêmes*. En conséquence la substitution de rails de 22 kilogram., aux rails de 17,50 kilogram., base des devis primitifs, a dû uniquement se borner à augmenter *le poids et le prix du fer à employer*, dans la proportion de 17,50 kilogr., poids des rails des devis primitifs, à 22 kilogr. poids des rails employés, c'est-à-dire dans le rapport de 17,50 : 22, soit 1 : 1,26 ; ou enfin, 793 : 1. Par conséquence pour obtenir le prix en francs, des fournitures en fer, pour la simple voie de railway, avec rails de 17,50 kilogram. au mètre, il suffit de multiplier, par ,793 les divers articles des fournitures en fer pour la simple voie avec des rails de 22 kilogram. Nous allons procéder à la détermination de ce prix en suivant l'adage normal des Mathématiciens, *en marchant du connu à l'inconnu :* il suffira *ad hoc* de nous baser sur les résultats *officiels* du compte-rendu du 12 novembre, pour les fournitures en fer requises pour la pose de la voie avec rails de 22 kilogram. Or il sera démontré au paragr. 8 que les données du tableau n° 7 du document-Nothomb, sont *et pour cause* parfaitement exactes en ce qui concerne les *fournitures en fer* pour les 455 1/4 kilomètres de simple voie de railway, employés sur les treize sections en exploitation. Les frais d'acquisition de ces fournitures en fer, figurent au tableau susdit pour 10,427,291-93 fr., ce qui revient à 22-91 francs par mètre, soit 22,910 francs prix des fournitures spéciales en fer pour la simple voie de railway par kilomètre, avec rails de 22 kilogram. et coussinets proportionnels. Donc, avec rails de 17,50 kilogram, et dépendances de calibre proportionnel, le prix du fer par kilomètre ayant dû diminuer dans le rapport de 22 : 17,50 :: 1 : 793, il n'a pu s'élever qu'à 22,91 multiplié par ,793, soit 18,16 francs par mètre, soit 18,160 francs par kilomètre.

Maintenant adoptant comme base que pour les deux espèces de rails toutes les fournitures et les frais de pose sont les mêmes, et qu'il n'y a de changé que les fournitures en fer, qui, pour les rails de 17,50 kilog. au mètre, n'ont que les ,793 du poids, et par suite du prix des rails de

22 kilogr. au mètre, nous présentons dans le tableau suivant, le sous-détail des frais d'achat et de pose de la simple voie de railway avec les deux espèces de rails, d'abord par portée de 4,57 mètres, puis par mètre.

Sous-détail des Fournitures spéciales et frais de pose du mètre courant de simple voie de Railway, avec rails de 17,50 kilogrammes, ou bien avec rails de 22 kilogrammes par mètre.

	Rails de 17 kil.		Rails de 22 kil.	
	Total par portée de deux barres de 4,57 mètres longueur.	Total pour la longueur du mètre de simple voie.	Total par portée de deux barres de 4,57 mètres longueur.	Total pour la longueur du mètre de simple voie.
Fournitures en fer. Les rails sont supportés par des traverses ou billes, distantes de 1 yard, ou ,914 de mètre. La longueur ordinaire des rails par 5 portées égale 4,57 mètres. Pour cette longueur, la dépense se compose comme suit ; pour les deux barres, formant simple voie :				
1° *Rails de* 17,50 *kilogr.*, 9 mètres 11 centimètres courans, à 17,50 le mètre : soit 179.50 kilog. rails, à fr. 360 le tonneau (¹) 57-42				
2 Coussinets d'about et 8 intermédiaires, ensemble 80, multiplié par ,793, soit 63,20 kilogr., à fr. 320 le tonneau ou 1000 kil. 20-22				
12 Chevilles et 20 clavettes, ensemble 9 kil., multipliés par ,79, soit 7,11 kilogr., à 700 fr. le tonneau. 4-97				
fr. 82-61	82-61	18-07		
2° *Rails de* 22 *kilogr.*, 9 mètres 11 centimètres courans, ou 20 kil. par portée (²), ou 200 kilogr., à fr. 450 le tonneau 90				
2 Coussinets d'about de 9 1/4 kilog. et 8 intermédiaires de 7 1/2 kilog. Ensemble 80 kilog., à 320 fr. le tonneau 25-60				
12 Chevilles et 20 clavettes, ensemble 9 kilogr., à 700 fr. le tonneau. 6-30				
fr. 121-90	. . . . .	. . . . .	121-90	26-68
Fournitures en Bois.				
5 Traverses ou billes en bois blanc (³), chêne ou orme, de 2,70 mètres longueur, à 3-75 fr. pièce	18-75	4-10	18-75	4-10
Massif de fondation et Engravellement.				
Première couche. Gravier et pierraille, 4,60 m.³, à 6-20 fr.	28-50	6-24	28-50	6-24
Deuxième couche, 2,30 m.³, à fr. 4 . . .	9-20	2-00	9-20	2-00
Formation des Banquettes et Rigoles. Main-d'œuvre et fournitures.				
Fournitures	3-75	0-82	3-75	0-82
Pose du railway.	5-35	1-18	5-35	1-18
Totaux, fr.	148-16	32-41	187-45	41-00

Voici les réductions à faire sur ces divers articles pour l'une et l'autre espèce de rails.

1° *Fournitures en fer*. L'on voit que pour les rails de 22 kilogram. au mètre, et en adoptant le prix de 41 francs par mètre, ou 41,000 francs par kilomètre, suivant le détail Simons et De Ridder, du *Moniteur* du 29 septembre 1837, les fournitures en fer reviendraient à 26,68 francs par mètre. Mais les détails qui précèdent immédiatement ce tableau, démontrent que, d'après le compte-rendu Nothomb même, les fournitures en fer, pour la simple voie de railway avec rails de 22 kilogr., ne se sont élevées qu'à 22-91 francs par mètre. Il y a donc une différence de 3,77 francs, entre le taux Simons et De Ridder, basé sur 41 francs par mètre, et entre le taux effectif indiqué par l'expérience, sur les treize sections en exploitation : et cette différence est à déduire. Pour les rails de 17,50 kilogr., les fournitures, par mètre, en fer s'élèvent à 18-07 fr. qui, formant juste les ,793 de 22-91 francs, prix effectif pour les rails de 22 kilogr. indiquent que pour les fournitures en fer, l'établissement de la voie de railway, avec rails de 17,50 kilogr., semble, pour le moment, ne point se prêter à des réductions sur cet article.

2° *Fournitures en bois*. Pour les fournitures en bois, nous nous conformons à la donnée de Simons et De Ridder (*Moniteur* du 29 septembre 1837), en prenant les billes à fr. 3-75 pièce. C'est un *maximum* criant, surtout pour des billes en *bois blanc* dont parlent ces ingénieurs, car les billes en frêne, orme ou chêne, ne coûtent terme moyen que 3-25 francs. Du reste, il sera démontré plus bas que le prix Simons et De Ridder, de 3-75 francs par bille, *n'a point été atteint jusqu'ici par la moyenne des adjudications*.

3° *Massif de fondation et engravellement*. L'on voit, d'après les détails du tableau que, par portée de 4,57 mètres longueur ordinaire des rails, ce massif se compose de 4,60 mètres cubes gravier et pierraille, évalués à une moyenne de 6-20 francs par mètre cube, et de 2,30 mètres cubes de sable de mer, formant la seconde couche, évalués à une moyenne de 4 francs le mètre cube; donc en bloc 6,90 mètres cubes gravier, pierraille et sable de mer, à 37-70 francs, soit 5-47 francs moyenne par mètre cube des fournitures désignées, dans la construction des railways sur billes ou bien sur longrines en bois, sous la dénominaton générique de fournitures *en sables*.

(¹) Dans les détails, nous suivons textuellement la marche adoptée par MM. Simons et De Ridder (Voir le *Moniteur belge* du 29 septembre 1837, Enquête).

(²) A 22 kilogram., poids du mètre, les rails reviennent à 20 kilogram. par portée de ,914 de mètre.

(³) L'emploi des billes en *bois blanc* a été interdit : du reste à 3-75 francs pièce, on peut bien se procurer des billes en orme, frêne ou chêne. On en verra la preuve plus bas.

Mais ce taux Simons et De Ridder, de 5-47 francs par mètre cube des fournitures en sable, est démesurément exagéré, et en voici la preuve. D'après le Mémoire explicatif, présenté par M. Nothomb à la chambre des représentans, dans la séance du 15 janvier 1840, sur les fournitures du sable pour les travaux du chemin de fer, il avait été fourni sur les treize sections en exploitation au 12 novembre 1839, 616089,47 mètres cubes de sables, au prix de 3779662-44 francs, soit à raison d'une moyenne de 6-13 francs par mètre cube. Mais il a été démontré, dans les séances de la chambre des représentans des 20, 21 et 22 janvier 1840, que, pour pouvoir porter la livraison de ces 616089,47 mètres cubes de sables jusqu'au capital de 3779662-44 francs, soit à une moyenne de 6-13 francs par mètre cube, M. le ministre des travaux publics avait dû ratifier des adjudications, ou plutôt des vols, dans lesquels le mètre cube de sable de mer, que l'on pouvait se procurer A UN FRANC, se trouvait baillé au pays pour DIX-SEPT FRANCS CINQUANTE CENTIMES. Or de la moyenne 6-13 fr. par mètre cube, sous laquelle se trouvent masquées ces édifiantes opérations de MM. Nothomb et Cᵒ, jusqu'aux 5-47 fr., formant le taux moyen de Simons et De Ridder, pour les fournitures de sables, dans leur sous-détail du mètre de simple voie, avec rails de 22 kilogram., la différence n'est que de 66 centimes. Il est donc indubitable que sous ces 5-47 francs par mètre cube de sables, MM. Simons et De Ridder s'étaient réservé un de ces pots-de-vin monstres, frisant *le vol au pot-de-vin.* Notre mission étant ici de dévoiler et de déjouer ces tripotages, nous rectifions l'évaluation des deux ingénieurs ex-directeurs sur le pied suivant.

Fourniture de sables par portée de la voie de rails de 4,57 mètres longueur.
Première couche. Gravier, pierraille et blocaille 4,60 mètres cubes à fr. 4-20, *au lieu de* 6-20 de l'évaluation Simons et de Ridder. . . . . fr. 19-32
Seconde couche. Sable de mer ou bien ordinaire, 2,30 mètres cubes à 2-67 fr. le mètre, *au lieu des 4 francs* de l'évaluation des deux ingénieurs susdits. . 6-14

Prix rectifié de la fourniture *des sables* par simple voie de 4,57 mètres. . . . . fr. 25-46

Moyenne par longueur du mètre de simple voie . . . . fr. 5-57

Or l'on voit au tableau sous-détail, que, d'après l'évaluation Simons et De Ridder, le prix des fournitures en sables s'élèverait, par longueur du mètre de simple voie, à une moyenne de 8-24 francs, savoir 6-24 francs pour gravier, pierraille, etc., puis 2 francs pour le sable de mer ou bien pour le sable ordinaire, et l'on a vu que par cette moyenne, l'on s'était réservé la faculté de réaliser des tripotages correspondans à ceux dont l'infamie vint édifier la chambre et le pays dans les discussions de janvier, sur *le sable de mer*. Aussi, en réduisant cette moyenne à 5-57 francs par mètre de longueur de la simple voie, avons-nous la conviction bien fondée d'avoir assis l'évaluation de la fourniture des sables sur des bases loyales, ou qui laisseraient encore de très-satisfaisans bénéfices pour les entrepreneurs. Notre évaluation diffère juste *d'un tiers* (¹) de celle de MM. Simons et De Ridder, et nous nous estimerions FORT HEUREUX *de pouvoir effectuer les fournitures des sables sur toutes les sections à achever, au taux de notre évaluation*.

Ainsi de 8-24 francs, taux Simons et De Ridder pour les fournitures de sable, jusqu'à nos 5-57 francs, la réduction à opérer sur l'article est de 2-67 francs pour la longueur du mètre de simple voie.

4° *Formation des banquettes et rigoles, main-d'œuvre et fournitures, ou frais de pose du railway.*

Pour ce qui concerne la pose du railway, l'on peut admettre comme donnée sanctionnée par l'expériesnce que 7 ouvriers, dont deux employés à niveler le terrain, deux à la formation des banquettes et du coffre, trois à la pose des billes et des rails, et placés sous la surveillance d'un chef d'escouade, tenant la haute main sur toute la besogne, *peuvent parfaire la pose complète de 50 mètres de simple voie de railway par journée*, et c'est là un *minimum*. Prenons que ces hommes gagnent 3 francs par journée, l'un portant l'autre (ils sont loin de les palper, mais n'importe). Le total des 24 francs formant leur salaire, divisé par les 50 mètres, réduit les frais de pose du mètre de simple voie de railway à 48, soit 50 centimes. Ajoutons-y 25 centimes pour les entrepreneurs, et ce n'est par lésiner, nous arrivons à 75 centimes pour le maximum possible des frais de pose du mètre de simple voie de railway. Et quant aux fournitures que MM. Simons et De Ridder font figurer à leur devis pour les banquettes, nous passons *néant* là-dessus, attendu que les banquettes sont formées des terres qui proviennent du nivellement du terrain du coffre. *Il n'y a aucune fourniture spéciale à faire dans l'opération de la pose des rails et de la formation des rigoles et banquettes du mètre de simple voie de railway.*

L'on voit qu'au tableau du sous-détail des frais de construction du mètre de simple voie de railway, MM. Simons et De Ridder portent *les frais de pose* du railway, par mètre, à 2 francs, savoir 82 centimes pour fournitures prétendues, et 1-18 pour frais de pose ; et ces frais, avec de loyaux et très-satisfaisans bénéfices pour les entrepreneurs, ne pouvant

___

(¹) Les fournitures en sables, par longueur de 4,57 mètres de simple voie de rail·way s'élevant à 6,90 mètres cubes, savoir 4,60 mètres gravier, etc., puis 2,30 mètres sable de mer ou ordinaire, et le prix réduit à sa loyale valeur, ne s'élevant pour ces fournitures qu'à 25-46 francs, revient à 3-69 francs par mètre cube, évaluation d'un tiers inférieure à l'évaluation de MM. Simons et De Ridder, et qui est de 5-47 francs par mètre cube. Du reste, on verra plus bas que notre évaluation correspond exactement à celle des devis primitifs de ces deux ingénieurs.

monter qu'à 75 *centimes,* la réduction à opérer sur cet article est de 1 fr. 25 centimes.

Résumons maintenant les diverses réductions que nous venons de déterminer. Le petit tableau suivant en présente l'ensemble.

Réductions à opérer dans les évaluations Simons et De Ridder sur les frais de construction du mètre du simple voie de railway, relatées au tableau sous-détail de cet article.

	Avec rails de 17,50 kil.	Avec rails de 22 kil.
1° Sur les fournitures en fer.	0-00	fr. 3-77
2° Sur les fournitures en bois (accordé par concession).	0-00	0-00
3° Sur le massif de fondation et engravellement, ou la fourniture des sables	2-67	2-67
4° Formation des banquettes et rigoles, ou frais de pose du railway.	1-25	1-25
	fr. 3-92	fr. 7-69

Ainsi d'après le tableau basé sur les évaluations Simons et De Ridder, le mètre de simple voie de railway revenant :

Avec rails de 17,50 kilomètres, à fr. 32-41	Avec rails de 22 kil. à fr. 41-00
Après réduction de 3-92	7-69
Ne peuvent en réalité revenir qu'à fr. 28-69	fr. 33-31

Et, pour démonstration de ce que nos réductions n'ont rien d'exagéré, et ne portent que sur *des points démesurément outrés* dans l'évaluation par laquelle MM. Simons et De Ridder portent les frais d'établissement de la simple voie de railway, avec rails de 22 kilogr., à 41 francs par mètre, nous observerons que notre évaluation de 28-69 francs par mètre, pour l'établissement de la voie avec rails de 17,50 kilogram., se trouve de 1-32 francs supérieure à l'évaluation primitive du devis Simons et De Ridder, d'après lesquels le mètre ne devait revenir qu'à 27-37 fr. (¹). Or, et les faits que nous avons déjà passés et ceux que nous allons passer en revue dans la suite de ce travail, viennent se joindre aux assurances mêmes de MM. Simons et De Ridder, pour confirmer l'ample largeur des

(¹) Les 416,500 mètres, portés à la case 10 du tableau synoptique comme destinés à la simple voie de railway, en bloc, nécessaires pour les douze premières sections formant la première série des lignes étudiées par MM. Simons et De Ridder, sont évalués, case 9 du tableau susdit, à 11,398,500 francs . frais d'assiette et fournitures compris. Ce sont des rails de 35 livres anglais (17.50 kilogr.), et des coussinets proportionnels. Ainsi, les deux ingénieurs ex-directeurs qui, pour cette première série de lignes, avaient basé leurs devis sur des rails de ce calibre, adoptèrent comme base que le mètre de simple voie, pose et fournitures comprises, ne devait revenir qu'à 27-27 francs par mètre, soit 27,370 francs pour le kilomètre.

bases de leurs devis; c'est donc *un maximum* que notre prix de 28-69 fr. pour le mètre de simple voie de railway, avec rails de 17,50 kilogr.

Ainsi ces démonstrations, toutes basées sur des faits, suffiront, nous le croyons, pour justifier aux yeux des hommes compétens, *la solution négative* par laquelle nous répondons au problème auquel ce paragraphe était consacré. L'on vient de voir, en effet, que *le maximum des frais de construction de la simple voie de railway, avec rails de 22 kilogr., ne peut s'élever, même avec de fort amples bénéfices pour les entrepreneurs, qu'à 33-31 francs par mètre, soit 33,310 francs par kilomètre.* Les corollaires immédiats de cette solution, sont d'une importance trop majeure dans la construction de nos railways, pour que nous n'en fassions pas l'objet d'un paragraphe spécial. C'est le suivant.

§ 6. — *Corollaire important résultant de notre solution du problème du § 5. Économie de plus de dix millions de francs, que les réductions du § 5 doivent produire dans le total général de la case 22 du tableau synoptique des devis. Erreur-monstre de plus de trois millions de francs, commise par MM. Simons et De Ridder dans leur évaluation de la simple voie de railway requise pour les douze premières sections du tableau synoptique des devis.*

Le total général au bas de la case 10 du tableau synoptique fait voir que la longueur de la simple voie de railway, affectée, d'après les devis des ingénieurs, à la construction, *avec une voie*, des diverses lignes étudiées et décretées du railway national, est de 786,532 mètres, tant pour les sections mêmes que pour gares d'évitement et stations. Pour l'assiette *de la double voie*, la longueur de railway supplémentaire ne devra nécessairement correspondre qu'à la longueur même des sections, attendu que les rails pour gares et stations sont compris dans le premier chiffre; et la longueur de ces sections étant, case 7 du tableau, de 540,590 mètres, nous avons en tout 1,327,122 mètres de simple voie de railway, requis, d'après les devis, pour l'établissement des diverses sections figurant au tableau synoptique, en double voie, avec leurs gares d'évitement et les railways aux stations. Ainsi, pour achèvement complet des sections mentionnées au tableau synoptique, avec double voie, etc., 1,327,122 kilomètres de simple voie de railway seront nécessaires, et figurent effectivement en ligne de compte pour 41,000 francs par kilomètre, dans le total général de la case 22 du tableau. Or, de 41,000 francs par kilomètre, taux Simons et De Ridder pour la simple voie de railway, et qui forme la base de tous les calculs des devis du tableau synoptique, jusqu'à 33,310 francs, prix réduit d'après les démonstrations du § 4, la différence est de 7690 francs, et ces 7690 francs, multipliés par la longueur des 1,327,122 kilomètres de simple voie, conduisent à une différence de 10,205,568 francs (DIX MILLIONS DEUX CENT ET CINQ MILLE CINQ CENT SOIXANTE-HUIT FRANCS), capital à déduire sur le total-général des 87,106,227 francs de la case 22 du tableau. Ainsi, voilà une première et irrécusable réduction sur LA MASSE DE CES DEVIS que Nothomb et ses complices s'efforcent, dans le document du 12 novembre, de faire considérer comme inférieurs aux dépenses réellement requises.

Que si l'on voulait laisser hors de compte la longueur de simple voie de railway déjà exécutée au 12 novembre, pour ne considérer la différence qui résultera de notre réduction démontrée au § 4, sur la totalité de la simple voie de railway encore à exécuter au 12 novembre, on arriverait également à un résultat des plus importants pour le pays. Car, d'après le tableau n° 4 du document-Nothomb, au 12 novembre 1839, il n'y avait d'exécuté sur les sections en exploitation que 424,75 kilomètres de voie simple de railway, savoir : 312 kilomètres sur les sections mêmes, 82 kilomètres formant double voie; enfin 30,75 kilomètres employés aux stations et gares d'évitement. Déduisant ces 424,75 kilomètres du total général des 1,327,122 kilomètres de simple voie de railway requis pour parfaire avec double voie, stations, etc., les sections mentionnées au tableau synoptique, il restait encore au 12 novembre 1839 902,37 kilomètres. Mais, dans le tableau synoptique à la fin de la brochure, ne se trouvent point mentionnées deux sections, dont les devis n'ont pas été publiés, mais qui sont comprises dans le réseau de lignes étudiées et décrétées, et qui complètent le système total de ces lignes. Ce sont la section de Courtrai, par Mouscron, à la frontière de France, d'une longueur de 15,30 kilomètres, et la section de Tournai à la frontière, d'une longueur de 17,91 kilomètres, ensemble 33,21 kilomètres, requérant pour la double voie 66,42 kilomètres de voie simple de railway, plus 3 kilomètres pour stations et gares d'évitement, en tout 69,42 kilomètres, lesquels ajoutés aux 902,37 kilomètres prémentionnés, portent à 971,79 kilomètres l'étendue de simple voie de railway requise pour parfaire le réseau complet des lignes décrétées, après déduction de la voie de railway employée sur les sections en exploitation au 12 novembre. En multipliant ces 971,79 kilomètres de simple voie de railway par les 7690 fr., réduction démontrée nécessaire § 4, nous arrivons à 7,473,834 fr. Ainsi, en ne considérant que les lignes qui restaient à achever au 12 novembre 1839, pour parfaire le réseau complet de nos chemins de fer, l'économie résultant des démonstrations du § 3, sur les frais de construction de la simple voie de railway, s'élèverait à SEPT MILLIONS QUATRE CENT SOIXANTE-TREIZE MILLE HUIT CENT TRENTE-QUATRE FRANCS.

Ces importans résultats de nos investigations au § 4, suffiront, nous en sommes certain, pour justifier la longueur de ce paragraphe, aux yeux de ceux de nos lecteurs qui, au premier moment, auraient trouvé qu'en n'arrivant, après tout ce verbiage, qu'à une réduction de 7-69 francs par mètre, dans la construction de la simple voie de railway avec rails de 22 kilogrammes, nous avions réalisé l'accouchement de la montagne *en travail d'une souris*. C'est que, pour faire apprécier ce travail, il fallait en démontrer les résultats sur les 1,327,122 mètres de simple voie requis pour parfaire le railway national, et maintenant que ces résultats sont bien mis sous leurs yeux, les lecteurs doivent avoir la conviction que ne fussions-nous parvenu qu'à une réduction *d'un franc* par mètre dans nos investigations du § 4, ce résultat, en définitive, était encore d'une majeure importance, puisqu'il doit produire 1000 francs d'économie dans la construction du kilomètre de simple voie de railway, et par suite 1,327,122 francs (*un million trois cent vingt-sept mille cent et vingt-deux francs*) d'économie dans la construction de la longueur totale de la simple voie requise pour l'achèvement à double voie, etc., des lignes décrétées, compris les lignes de Courtrai, et de Tournai à la frontière française, prémentionnées.

Et puisque nous voici sur les évaluations des devis pour les frais de construction de la simple voie de railway requise pour nos diverses lignes, nos lecteurs, nous l'espérons, ne nous sauront point mauvais gré de leur faire remarquer, par anticipation à la seconde partie de notre travail, une erreur immense par son importance, commise par Simons et De Ridder, dans le devis de cet article, pour les douze sections en tête du tableau synoptique à la fin de la brochure, formant la première série de railways étudiée et projetée par ces deux ingénieurs. La voici :

Le total général de la case 7 du tableau synoptique, donne 290,280 mètres pour la longueur totale des douze sections formant la première série de lignes prémentionnée. Et il faut bien remarquer que dans la longueur de ces lignes, comme le mémoire Simons et De Ridder en fait foi, ces deux ingénieurs ont compris les embranchemens nécessaires, pour mettre les sections d'Ostende, d'Anvers et de Liége en communication avec la mer, l'Escaut et la Meuse (¹). Or, le total général de la case 11 fait voir que la longueur de simple voie de railway, affectée, d'après les devis, à la construction de ces lignes *avec une voie*, est de 296,400 mètres, et la longueur même des lignes n'étant que de 290,280 mètres, MM. Simons et De Ridder se sont trompés de 6120 mètres.

Mais leur erreur dans le calcul de la longueur de rails, requise pour gares d'évitement et stations, est bien plus considérable. Une gare d'évi-

---

(¹) Une remarque fort essentielle, et que l'on ne peut perdre de vue, car nous y reviendrons dans la seconde partie de notre travail, c'est que la longueur de ces divers embranchemens est *comprise dans la longueur* même des sections, et dans les devis de leurs frais de construction, dressés par Simons et De Ridder, tels qu'ils figurent au tableau synoptique. M. Nothomb, à en juger par son document du 12 novembre, paraît vouloir avancer le contraire. Or voilà encore une affaire de plus D'UN MILLION DE FRANCS.... !

tement de 260 mètres longueur, suffit pour garer des convois-monstres de quarante-cinq voitures, remorqués par trois locomotives et leurs tenders; et les gares d'évitement ne peuvent nécessairement être placées qu'aux stations secondaires ou intermédiaires. Deux gares de 260 mètres chacune, placées respectivement de chaque côté de la voie principale, soit 520 mètres, sont le maximum de simple voie de railway requis et admissible par station secondaire ou bien intermédiaire. Or, sur ces douze première sections, formant pour ainsi dire la grande artère du railway national d'Ostende, d'Anvers et de Bruxelles sur Verviers, il y aura, après achèvement complet, seize stations intermédiaires, savoir :

Sur la ligne d'Ostende, en amont sur Malines : Jabbeke, Bloemendaele, Aeltre, Landeghem, Wetteren, Malderen et Cappelle; total 7.

De Malines, en amont sur Verviers : Haecht, Vertryck, Landen, Waremme, Fexhe, puis sur la ligne de Liége à Verviers qui n'a que 26,20 kilomètres, d'après les devis, deux stations intermédiaires; total 7.

Enfin de Bruxelles en aval, sur Anvers : Vilvoorde et Duffel; total 2.

Et ces seize stations secondaires, à raison de 520 mètres par station, pourront requérir après achèvement complet, qu'un maximum de 8320 mètres de simple voie de railway.

Si en outre, l'on adjuge aux dix stations principales, d'Ostende, Bruges, Gand, Termonde, Bruxelles, Anvers, Louvain, Tirlemont, Liége, Verviers chacune, deux mille mètres, terme moyen, ce sera bien le maximum requis pour leurs besoins, et la simple voie de railway, affectée à ces dix stations, s'élevera à 20,000 mètres. Faisons, en outre, une ample et large part à la station centrale de Malines, en lui adjugeant, les ateliers compris, 8000 mètres ou deux lieues de poste, en longueur de simple voie de railway, et nous arriverons à 28,000 mètres pour la voie de rails à repartir entre les stations centrale et principales, sur la ligne d'Ostende, Anvers et Bruxelles-à Verviers. Et ces 28,000 mètres requis pour les stations principales, ajoutés aux 8320 mètres requis pour gares aux stations secondaires, donnent un total de 36,320 mètres pour la longueur de simple voie de railway, requise pour les stations et les gares d'évitement sur ces douze sections. Mais d'après le total général de la case 12 du tableau, la longueur affectée aux devis de MM. Simons et De Ridder, pour gares d'évitement et stations sur ces douze sections, est de 119,500 mètres. Et comme le maximum de longueur de simple voie de railway, réellement requis pour cet objet, n'est que de 36,320 mètres, il s'en suit que les devis des deux ingénieurs présente sur le chapitre de la case 12 du tableau, une erreur de 83,180 mètres.

Ajoutant l'erreur de 83,180 mètres commise par MM. Simons et De Ridder, sur la simple voie de railway requise pour stations et gares d'évitement sur les douze premières sections du tableau synoptique, à l'erreur de 6120 mètres, signalée plus haut dans leur évaluation pour la longueur de railway requise pour les sections mêmes, **nous** arrivons à une erreur de 89,300 mètres de simple voie de railway, commise par les deux ingénieurs ex-directeurs, dans leur devis de la simple voie de rails requise pour l'établissement des douze sections formant la première série de chemins de fer, étudiée et projetée par eux, et ces 89,300 mètres, ou 89,30 kilomètres, à 41,000 francs le kilomètre, prix Simons et De Ridder, formant, du reste, la base des calculs du tableau, reviennent à 3,661,300 francs. (*Trois millions six cent soixante-et-un mille trois cents francs*).

Ainsi, outre l'importante réduction qui doit résulter de nos recherches du § 4, il y a encore à rabattre plus de trois millions de francs, sur le total général des 87,106,227 francs de la case 22 du tableau, par suite de l'erreur commise par Simons et De Ridder, dans leur devis de la voie de railway requise pour l'établissement des douze premières sections du tableau. Du reste, nous ne discuterons pas ici si cette erreur, de la part de deux hommes, qui par leurs fonctions sont essentiellement géomètres, a été plus ou moins volontaire. Il nous suffit de l'avoir constatée.

Les **réductions** importantes que les développemens de ce paragraphe font prévoir sur le total général des 87,106,227 francs de la case 22 du tableau synoptique des devis, justifient déjà l'invitation par laquelle nous engagions, au § 1 de ce chapitre, nos lecteurs à ne rien préjuger encore sur les frais effectifs de la construction du railway national, d'après les données de la case 22 du tableau prémentionné ; l'importance même de ces réductions excusera, nous le croyons, l'espèce de digression au sujet principal de cette première partie de notre travail, à laquelle nous nous sommes livré dans ce paragraphe, et que nous nous hâtons de terminer en reprenant, par l'examen de la question du *sable de mer*, notre contrôle du compte-Nothomb sur les 7,500,288-95 francs, auxquels nos investigations précédentes ont déterminé le chiffre qui, d'après le compte-rendu du 12 novembre, représente les dépenses prétendues pour l'assiette et la pose du railway sur les treize sections en exploitation au 12 novembre.

§. 7. — *Reprise de notre contrôle analytique du compte-rendu sur les frais de pose du railway, sur les treize sections en exploitation au 12 novembre 1839.*

QUESTION DU SABLE DE MER.

Avant que d'aborder la déprédation-monstre marquée sous la seconde colonne du tableau n° 7 du document-Nothomb, et qui, par suite de nos précédentes démonstrations aux §§ 3 et 4 de ce chapitre, doit porter sur les frais de pose du railway, nos lecteurs ne nous sauront pas mauvais gré, nous l'espérons, de leur fournir ici quelques détails sur la question des sables, qui impressionna si vivement le pays et la presse indépendante, au mois de janvier dernier. Elle trouve ici sa place toute naturelle.

Dans les premiers jours de janvier, lors de la discussion du budget des travaux publics, quelques représentans, appartenant spécialement aux Flandres, ayant signalé des tripotages dans la fourniture et les adjudications du sable nécessaire à l'assiette du railway, M. le ministre des travaux publics promit immédiatement de présenter à la chambre un mémoire explicatif sur le sujet, ce qui fut effectivement fait dans la séance du 15 janvier. Nous allons suivre pas-à-pas M. Nothomb, dans les explications qu'il donne pag. 6 de ce mémoire.

Après avoir observé que dans la fourniture du sable, on avait eu recours à tous les modes d'entreprise, et que ce n'est pas l'adjudication publique qui a amené peut-être les prix les plus bas, en prenant les chiffres isolément(¹), M. Nothomb s'explique en ces termes sur la nécessité

(¹) Des représentans avaient démontré que l'administration avait payé jusqu'à 17 fr. le mètre cube du sable que l'on pouvait se procurer pour un franc maximum, et même pour 60 centimes. M. Nothomb s'efforce de réfuter cette allégation dans une note à la page 6 de son mémoire explicatif du 15 janvier. « En parlant des sections de Gand » à Deynse et à Courtrai, dit M. Nothomb, on a été jusqu'à avancer (non pas dans le » rapport de la section centrale, il est vrai) que le sable n'aurait dû coûter que fr. 0-60 » par mètre cube; or ici il y a eu adjudication publique. (Voir tableau nᵒˢ 8 et 9 du » Mémoire explicatif.)

» Il y a eu pour la section de Gand à Deynse. . . . . 24,556 ⎱ 69,101 mètres.
» Et pour celle de Deynse à Courtrai . . . . 44,545 ⎰

» Ce qui à raison de fr. 0-60 n'exigerait qu'une dépense de 41,400 francs.

» L'adjudication a été annoncée publiquement.

» *Comment* se fait-il que personne ne se soit présenté pour offrir le sable, nous ne » disons pas à 0-60, mais à 1 fr., offre qui eut encore laissé un beau bénéfice, d'après » ceux qui évaluent le sable à 0-60 fr.

» *Comment* admettre, *s'écrie M. Nothomb*, que les entrepreneurs du pays qui se » disputent les adjudications, aient pu si mal comprendre leurs intérêts, et laisser » l'entreprise à ceux qui ont été les plus bas soumissionnaires pour les sections de » Gand à Deynse et à Courtrai ? »

Comment.... ? comment.... ? et vous *osez* demander cela, M. Nothomb....? Eh ! bon Dieu ! croyez vous donc, M. le ministre, que les entrepreneurs qui, d'après vous, se disputent les adjudications, avaient perdu de vue le pouvoir discrétionnaire, *le veto absolu* que vous vous étiez réservé sur icelles? Croyez-vous qu'ils avaient perdu de vue, qu'en vertu de ce *veto absolu*, et *sans devoir donner d'explications*, vous vous étiez réservé la faculté de faire mettre à la porte de votre ministère, les entrepreneurs qui seraient venu vous offrir le sable à 60 centimes ou à un franc le mètre cube, pour en adjuger ensuite la fourniture *à vos Benjamin*, au prix de 6-84 francs? Croyez-vous que ces entrepreneurs avaient perdu de vue, que *lors-même que vous auriez accepté leurs offres*, par crainte de rompre en visière à l'opinion publique, ils avaient encore à craindre que l'inspecteur-général des ponts-et-chaussées qui, dans ses tournées officielles d'inspection sur nos railways, avait dû trouver excellent, le

et l'importance de l'emploi du sable dans l'assiette des railways sur billes
ou bien sur longrines en bois : « Un massif de fondation en matériaux
» qui ne retiennent point l'humidité, tels que *le gravier, le sable,* etc., est
» maintenant reconnu aussi nécessaire sous les railway que la *forme de*
» *sable* sous le pavage des grand'routes ordinaires.

» Dans certains terrains humides, *sourceux* ou marécageux, et en
» tranchées, souvent même le seul emploi du sable ne suffirait point pour
» maintenir les *billes* et encore moins les *dez* dans leur niveau et aligne-
» ment respectif. On emploie alors, tantôt un premier lit de libages, serrés
» fortement, damés et rechargés de blocaille et pierraille, concassée
» comme pour un empierrement de chaussée, et qu'on recouvre ensuite
» d'une couche de sable dans laquelle s'établit le railway; tantôt la fon-
» dation est assise sur un premier lit de fascinages; dans l'emploi exclusif
» du sable pour la fondation du railway, la qualité convenable pour la
» couche inférieure qui se trouve ordinairement dans la localité, peut
» laisser à désirer pour la couche supérieure, et dans ce cas, lorsqu'il est
» possible de s'en procurer, sans de trop grands frais, d'une nature plus
» consistante, on n'hésite pas d'aller le chercher au loin, de préférence au
» sable de la localité, comme cela a eu lieu notamment pour la section
» d'Anvers, de Termonde, d'Ostende, de Gand à Deynse et Courtrai.

» Le choix du sable et du gravier a donc été l'objet, dès le principe, de
» toute l'attention des ingénieurs, et l'entretien économique de nos rail-
» ways en est la meilleure preuve.

» Le sable en lui-même, quoique de fort peu de valeur en apparence,
» est souvent d'un emploi fort coûteux par la difficulté, la longueur des
» transports; transports qui se font tantôt par *bateau* en rivière, avec ou
» sans marée; par *tombereau,* sur chaussée ou chemin de terre; par brouette
» ou à dos d'homme ou de cheval, à travers champs. »

Maintenant que voilà nos lecteurs mis au fait par M. Nothomb même,
sur l'emploi *des sables* dans l'assiette du railway, il nous reste à leur dé-
tailler et la quantité et le prix effectif de la fourniture de cet article.

Le tableau sous-détail des frais de construction de la simple voie de
railway, au § 5 de ce chapitre, fait voir que les fournitures désignées sous
le nom générique de *sables,* dans l'assiette de nos railways, forment *deux*
couches. La première couche, composée de *gravier, de pierraille* ou de *blo-*

---

sable fourni à 17 fr. le mètre, aurait trouvé *fort mauvais,* et *rebuté* le *même sable*
fourni au prix de 1 franc...? Eh! M. Nothomb, elle doit être bien grande votre confiance, ou bien dans la servilité, ou bien dans la bonhommie des représentans du pays
pour oser leur cracher de pareilles interpellations à la figure....! Si, du reste, votre
audace, votre intrépidité, ne trouvaient plutôt leur justification dans L'IGNORANCE A-
PEU-PRÈS GÉNÉRALE des détails de construction du railway, qui règne encore en Belgique...
et si d'ailleurs, CETTE IGNORANCE N'AVAIT FAIT JUSQU'ICI VOTRE PRINCIPALE SÉCURITÉ ET CELLE
DE VOS COMPLICES.

caille, forme par longueur ordinaire des rails, soit par 4,75 mètres, un volume de 4,60 mètres cubes, soit fr. 28,50 pour le tout. *La seconde cou-che* est composée de sable de mer, par préférence ou, à défaut, de sable or-dinaire. Elle a un volume de 2,30 mètres cubes par longueur de 4,57 mét., évalués à fr. 4 le mètre cube, par les deux ingénieurs susdits, soit en bloc 9-20 francs. Ainsi, par longueur de 4,57 mètres, les deux couches forment ensemble un volume de *sables* de 6,90 mètres cubes, du prix de 37-70 fr., soit 5-47 francs par mètre cube. Donc, par longueur du mètre de simple voie de railway, les fournitures en sable reviennent, d'après l'évaluation susdite, à 1,51 mètres cubes, du prix de 8-15 francs, ce qui, par kilomètre ou 1000 mètres, revient à 1510 mètres cubes sables, du prix de 8250 fr.

Or, d'après le tableau n° 4 du document-Nothomb, la simple voie de rail-way, employée dans la construction des treize sections en exploitation au 12 novembre, s'est élevé à 424 3/4 kilomètres, lesquels multipliés par les 1510 mètres cubes de sable sus-indiqués, justifieraient dans la construc-tion des treize sections prémentionnées l'emploi de 641372,50 mètres cubes de sables, devant revenir, au taux Simons et De Ridder, de 8250 fr. par kilomètre, à fr. 3504187-50, soit à 5-47 francs le mètre cube.

Et en effet, pour ce qui concerne le volume, la qualité sus-déterminée correspond fort approximativement au volume des sables employés sur les treize sections prémentionnées, d'après le mémoire explicatif sur l'espèce, présenté par M. Nothomb aux chambres le 15 janvier dernier, mémoire d'après lequel nous avons dressé le tableau suivant, formant en quelque sorte le résumé de tous ses details.

Tableau résumant la fourniture des sables sur les treize sections en exploitation au 12 novembre 1839, dressé d'après le mémoire explicatif sur la matière, présenté aux chambres, le 15 janvier 1840, par M. le ministre des travaux publics.

Tableaux dans le mém. du min.	DÉSIGNATION DES SECTIONS, ESPÈCES DE SABLES EMPLOYÉS Et Noms des Entrepreneurs.	Première ou seconde voie.	Quantités fournies en mètres cubes.	Prix moyen par mètre cube.	Sommes payées pour ces livraisons.
N° 2	*Malines à Bruxelles* . . . . . Sable de mine et de rivière, et blocailles de Dieghem. Entrepreneur, *Borguet.*	1re voie. 2e voie.	33411,48 38605,96	4.025 2,568	134487-71 99129-43
3	*Malines à Anvers* . . . . Coquillages de Stuyvenberg, sable de mine et de rivière. Entrepreneur, *Borguet.*	1re voie. 2e voie.	37592,00 41643,00	5,319 8,083	179175-11 336600-37
4	*Malines à Termonde* . . . . . Sable de riv., blocailles de Dieghem, sable de mine et de Calloo. Entr., *Riche.*	1re voie et 2e.	41516,00	6,401	265762-80
5	*Termonde à Gand* . . . . Sable de mine. Entrepr., *Blomme et Borguet.*	. . . . .	42109,50	4,374	184203-36
6	*Gand à Bruges.* . . . . Sable de mine. Entrepr., *Borgnet.*	. . . . .	98142,00	3,559	349289-42
7	*Bruges à Ostende* . . . . Sable de mine et sable de mer. Entr., *Borguet.*	. . . . .	52617,89	5,216	274462-61
8	*Gand à Deynse* . . . . Sable de mine, blocaille de Vilvorde, sable de Cruyshautem. Entrepr., *Parent et De Boom.*	. . . . .	24556,10	6,305	154889-85
9	*Deynse à Courtrai.* . . . . . . Sable de mine, blocaille de Vilvorde, sable de Cruyshautem. Entrepr., *Parent et De Boom.*	. . . . .	44545,11	8,335	371279-42
10	*Malines à Louvain* . . . . . . Sable de mine. Entrep., *Borguet et Spruyt.*	. . . . .	34817,75	4,452	155019-40
11	*Louvain à Tirlemont* . . . . . Sable de mine. Entrep., *Borguet.*	. . . . .	31819,00	10,025	318990 40
12	*Tirlemont à Waremme* . . . . Sable de mine. Entrepr., *Schaken.*	. . . . .	37637,00	8,029	307911-46
13	*Waremme à Ans.* . . . . Sable de mine, en grande partie d'Oreye et d'Hologne. Entr., *Schaken.*	. . . . .	44476,68	12,851	571577-28
14	*Landen à Saint-Trond* . . . Sable de mine. Entrepr., *Schaken.*	. . . . .	12600,00	6,107	76943-82
			616089,47		3779662-44

Ainsi la fourniture *effective* des sables s'est élevée, pour les treize sections en exploitation au 12 novembre, à 616089,47 mètres cubes, livrés au prix de 3779662-44 francs, soit à raison de 6-13 fr. le mètre cube.

Or, le calcul qui précède le tableau, fait voir que, d'après l'évaluation du sous-détail du mètre de simple voie de railway, de MM. Simons et De Ridder, il eut fallu 641,372,50 mètres cubes de sable pour la voie sur les treize sections telles qu'elles étaient achevées au 12 novembre. Ainsi la fourniture *effective* des sables sur ces treize sections a été inférieure de 25,283,03 (¹) mètres cubes à la fourniture évaluée d'après les devis des ingénieurs, preuve nouvelle de la plus qu'ample suffisance de ces devis. Mais néanmoins on a déjà vu d'après les détails du § 5, et d'après ceux qui précèdent le tableau des sables, que le mètre cube des fournitures, à raison de 6-13 francs, est de 66 centimes supérieur au prix du mètre cube de l'évaluation Simons et De Ridder, et que de cette différence résulte que bien que le cubage du sable des fournitures *effectives* soit inférieur au cubage des devis, le prix des livraisons effectives s'est néanmoins trouvé de 275,455 francs supérieur à l'évaluation des devis.

Du reste, aujourd'hui un coin du voile qui couvre les tripotages de MM. Nothomb et Cᵉ dans la fourniture des sables, est soulevé; des sables que l'on pouvait se procurer à 1 franc, ont été payés jusqu'à 17 francs, comme cela résulte des discussions de la chambre des représentans; et ce seul fait suffit déjà pour rappeler l'*ab uno disce omnes*, et pour faire pressentir l'étendue des turpitudes qui se trouvent masquées sous le chiffre de 3,779,662-44 francs qui, d'après les détails du tableau, représente les prix des fournitures des sables sur les treize sections en exploitation. Et c'est se tenir loin de l'exagération que d'évaluer en dilapidations *un tiers* du capital, soit à 1,259,887 francs (*un million deux cent cinquante-neuf mille huit cent quatre-vingt-sept francs*). Et ceci ne saurait être considéré comme un *défaut* d'économie de la part de nos ingénieurs dans la construction du railway : c'est *du pur tripotage,* une des déprédations de deniers publics les mieux caractérisées : car la fourniture des sables sur notre railway est une de ces opérations si simples qu'on peut connaître d'avance exactement, à 10 centimes près, le prix de revient de leur fourniture par mètre cube sur toute les lignes; et il est certain qu'une *sévère et consciencieuse enquête* démontrerait que le prix moyen effectif payé aux entrepreneurs n'a pas depassé *les deux tiers* des 6-33 fr., prix moyen des fournitures par mètre cube, soit 4-22 francs, et qu'en payant ce prix on a laissé encore aux entrepreneurs *d'énormes, d'atroces* bénéfices...... Eh ! voyez les rondelettes fortunes réalisées par ces Messieurs dans leur coopérations avec Nothomb et nos ponts-et-chaussées.

Le prix effectif payé pour les fournitures des sables sur les treize

______

(¹) 641,372,50 moins 616,089,47 soit 25,283,03 mètres cubes.

sections en exploitation n'a donc point dépassé au maximum les deux tiers du capital de 3,779,662-44 francs, détaillé par M. le ministre dans le mémoire présenté à la chambre le 15 janvier 1840, soit 2,519,774 fr.

Ainsi, la moindre déprédation, le moindre vol des deniers publics, masqué sous *l'affaire des sables,* est D'UN MILLION DEUX CENT CINQUANTE-NEUF MILLE HUIT CENT QUATRE-VINGT-SEPT FRANCS! et le lendemain de la discussion où un coin du voile qui couvre ces infâmies fut soulevé, Nothomb-Macaire vint intrépidement se plaindre à la chambre...... de la douleur.... du découragement des ingénieurs....! *les pauvres hommes...!!...* et L'INDÉPENDANT de crier à *l'abomination de la désolation...* sur les révélations de MM. Van Hoobroeck-de Fiennes et Delehaye......!

§ 8. — *Des frais de pose et d'assiette des rails sur les treize sections en exploitation.*

Il a été établi à la fin du § 5 de ce chapitre, que les frais de pose du railway sur les treize sections en exploitation au 12 novembre 1839, s'élevaient, d'après l'analyse de la 2° colonne du tableau n° 7 du compte-Nothomb, à 7,500,288-95 francs. Mais, dans ce capital se trouve compris la fourniture des sables, et cette fourniture, d'après ce que nous avons dit au paragraphe précédent, n'ayant pu dépasser au maximum les 2,519,774 francs, il reste, après déduction faite, 4,980,514-95 fr. pour les frais de pose des rails, formation des banquettes, etc.

La formation du coffre, des banquettes et la pose des billes et des rails est une de ces opérations si simples, si faciles, si susceptibles d'être exactement évaluées, qu'il est interdit, de par l'honneur et la probité, à tout ingénieur, d'y faire le moindre mécompte. Et néanmoins, MM. Simons et De Ridder ont fixé ce prix à 2 francs par mètre de simple voie, comme nous l'avons démontré au § 8, là où il *est incontestable* que les frais, avec des bénéfices très-honnêtes et satisfaisans pour les entrepreneurs, ne peuvent revenir qu'à 75 centimes par mètre, soit à 750 francs par kilomètre.

Or, et nous l'avons déjà dit, la voie de railway sur les treize sections en exploitation au 12 novembre, était, d'après le tableau n° 4 du document Nothomb, de 424,75 kilomètres ([1]), pour lesquels la formation du coffre, des banquettes, rigoles, pose des billes et des rails, à raison de 7,50 francs le kilomètre, n'ont pu revenir qu'à 418,562 francs, et cela, nous le répétons, avec de très-satisfaisans bénéfices pour les entrepreneurs ([2]).

([1]) 312 kilom. première voie, 82 kilom. seconde voie, 30,75 kilom. stations et gares.

([2]) Et en effet, il est sûr et certain que les huit, ou même les dix ouvriers qui, d'après détail aux réductions de l'évaluation Simons et De Ridder, § 5, peuvent être requis pour parfaire par jour l'assiette et la pose de 50 mètres de simple voie de railway, ne gagnent point 24 francs, et qu'en admettant néanmoins que cela est, l'on

Mais la marche analytique suivie dans les paragraphes précédens, nous conduit à constater que les frais de pose des rails devaient être représentés dans le compte-Nothomb pour une somme de 4,980,514-95 francs, et ces frais pour les 424.75 kilomètres n'ayant pu s'élever à raison de 750 fr. par kilomètre qu'à 318,563 francs; il se trouve que les chiffres des frais-Nothomb masquent tout bonnement *un vol pur et simple,* ou plutôt *un vol au pot-de-vin,* de fr. 4,661,952-95 francs (*quatre millions six cent soixante-et-un mille neuf cent cinquante-deux francs quatre-vingt-quinze centimes*); et c'est bien, d'après notre définition à la fin du § 2, *un vol au pot-de-vin,* car l'opération doit, du moins en partie, s'être réalisée sous les auspices des adjudications et des soumissions.

Ce n'est donc pas *pour la frime,* lecteurs, que M. Nothomb a formé de la seconde colonne du tableau n° 7 de son document du 12 novembre, une espèce de pot-pourri, un *imbroglio,* où plusieurs élémens, dont il aurait dû rendre compte séparément, se trouvent amalgamés et embrouillés les uns dans les autres! Mais on le voit, du reste, il nous a suffi de la méthode analytique, *basée sur les faits,* pour débrouiller le fil de M. le ministre, et découvrir *le pot-aux-roses.*

Ainsi se trouve démontrée l'exactitude de notre assertion, qu'une déprédation de plus de cinq millions de francs se trouvait masquée sous le chiffre de 7,500,288-95 francs que nous avons prouvé devoir représenter au compte-rendu du 12 novembre, les frais de pose du railway sur les treize sections en exploitation à cette époque. Et en effet, elle s'élève à 1,259,887 francs sur la fourniture des sables, plus 4,661,952-95 francs sur les frais de pose; total 5,921,839-95 francs (*total cinq millions neuf cent vingt et un mille huit cent trente-neuf francs 95 c.*).

§ 9. — *Des Fournitures spéciales en bois, soit en billes, faites pour les treize sections en exploitation au 12 novembre. Détails techniques sur les fournitures des billes dans la construction de nos railways.*

L'on sait déjà que la longueur normale des rails est de 4,57 mètres, longueur pour laquelle il y a *cinq* portées, et par conséquent *cinq billes.* Les 1000 mètres, ou le kilomètre de rails, se compose donc de 219 rails, lesquels, à raison de *cinq* billes par rail, exigent 1095 billes : c'est donc là le nombre de billes par kilomètre. Donc pour les 455 1/4 kilomètres

peut hardiment y comprendre l'intérêt et l'usé du matériel fourni par l'entrepreneur. Notre évaluation du § 5 , donne donc à celui-ci un bénéfice net de 50 p. 100, et quel est l'industriel qui ne se frotterait les mains s'il pouvait gagner autant sur ses produits ?... Pourquoi les entrepreneurs devraient-ils gagner davantage ?

longueur, compris la réserve, de la simple voie de railway achevé au 12 novembre, sur les treize sections en exploitation à cette époque, et aujourd'hui, il a fallu, à raison de 1095 billes par kilomètre, 498,499 billes. La fourniture des billes pour ces sections figure au tableau n° 7 du document-Nothomb, sous le titre clinquant *de fournitures spéciales en bois...* Elle y est représentée par le chiffre 1,838,814-14 francs : divisant ce chiffre par les 498,499 billes requises, l'on trouve 3-70 francs, prix moyen, par pièce, des billes. Ainsi il résulte du compte-rendu de M. Nothomb, que nonobstant qu'il soit interdit d'employer dans les fondations du railway *des billes en bois blanc,* et qu'aux vœux de la loi et du bon sens les billes employées jusqu'ici sont, du moins censées, être en frêne, orme ou chêne, leur prix n'a pas atteint la moyenne de 3-75 francs, prix des *billes en bois blanc,* d'après l'évaluation de Simons et De Ridder, dans le tableau sous-détail, § 5. Preuve nouvelle de ce qu'en conservant néanmoins le prix de 3-75 francs par bille, dans notre évaluation réduite du prix courant des frais d'établissement de la simple voie de railway, nous avons encore basé cette évaluation sur un *maximum,* qui ne serait pas atteint dans la réalité, tout en adjugeant des bénéfices fort considérables aux entrepreneurs.

Le prix de 3-70 par bille est fort élevé : à 3-20 francs par pièce, l'on peut très-facilement se procurer de bonnes billes, et si l'administration les a payés à un prix moyen de 3-70 francs, il est plus que probable qu'elle s'est ménagée là un pot-de-vin de 50 centimes au moins par bille ; or sur le nombre sus-indiqué de 498,499 billes, cela conduit à la somme bien majeure de 249,249-50 francs..... et certes ce n'est pas là un piètre pot-de-vin.

§ 10. — *Des Fournitures en fer pour les treize sections en exploitation au 12 novembre 1839. Détails techniques sur ces fournitures.*

Les fournitures en fer pour la pose des railways sur billes, ou bien sur longrines en bois, consistent en rails, clavettes, chevilles et coussinets.

Rails. La moyenne du prix du tonneau, soit de 1000 kilogr. de rails, a été jusqu'ici de 360 francs. Le tonneau de rails, ou les 1000 kilogram. contiennent 1000, divisé par 22, soit 45,45 mètres de rails de 22 kilog. au mètre. Donc le kilomètre de simple voie de railway, avec rails de 22 kilogr. au mètre, exige (1000, multiplié par 2 et divisé par 45,45, soit) 44 tonneaux rails, lesquels à la moyenne de 360 francs par tonneau reviennent à 15,840 francs. Ainsi, il a fallu pour les 455,25 kilomètres, la longueur de simple voie de railway en exploitation d'après le tableau 4 du compte-rendu (455,25, multiplié par 44), 20,031 tonneaux de rails, ayant une valeur de 7,211,160 francs.

Coussinets. Sur une longueur de 4,57 mètres de simple voie de railway, il y a deux coussinets d'about pesant 9,25 kilogram. chaque, soit 18,50 kilogr. les deux; puis 8 coussinets intermédiaires, du poids de 7,50 kilogr., donc 60 kilog. pour les huit. Ainsi, le poids du fer en coussinets par kilomètre est de (1000, divisé par 4,57, puis multiplié par 78,50) 17,192 kilog., soit 17,19 tonneaux, et pour les 455 1/4 kilomètres il a dû correspondre à 455,25, multipliant 17,19, soit 7826 tonneaux, lesquels, à la moyenne de 360 francs le tonneau, représentent une valeur de 2,817,360 francs.

Chevilles et Clavettes. Sur une longueur de 4,57 mètres de simple voie de railway, il y a 12 chevilles et 20 clavettes pesant ensemble 9 kilogr. Il y a donc, par kilomètre (1000 divisé par 4,57 et multiplié par 9) 1971 kilogr., soit 1,97 tonneaux de fer forgé en chevilles et clavettes. Donc pour les 455,25 kilomètres de voie simple de railway, achevée sur les 13 sections en exploitation au 12 novembre 1839, il y a eu (455,25, multipliant 1,97) 897 tonneaux chevilles et clavettes, lesquels, au prix moyen de 700 francs le tonneau, ont une valeur (897 multipliant 700) 627,900 francs.

Ainsi, en résumé, la fourniture de fer aux 455,25 kilomètres de voie simple de railway, achevée sur les treize sections en exploitation, a dû se borner à 7,211,160 francs pour rails; à 2,817,360 francs pour coussinets; à 627,900 francs pour clavettes et chevilles, total 10,655,520 francs. Cette évaluation est supérieure de 228,319 francs à la somme qui figure au tableau n° 7 du compte-rendu pour fournitures spéciales de fer en fr. 10,427,201-93. Mais il est à observer que l'auteur a pris pour valeur du tonneau de rails, coussinets et clavettes, une moyenne à laquelle le prix réel a été souvent inférieur. La vérification de la ferraille du railway étant d'ailleurs des plus faciles, comme on vient d'en voir la preuve, ce ne pouvait être dans ce chapitre là qu'on risquât de nicher des chiffres fictifs pour masquer les délapidations. Et qui sait s'il n'est pas entré dans la vue du comité-directeur de nos adroits exploitans du railway d'établir ainsi, *bien en évidence*, dans le compte-rendu du 12 novembre, quelques points *irréprochables*, d'une exactitude susceptible de narguer les calculs les plus sévères, aux fins de pouvoir sauter de suite à cheval sur ces points, au cas où l'on viendrait à découvrir les chiffres fictifs, fantastiques, qui fourmillent dans d'autres chapitres du compte-rendu, prêtant moins de côté faible à l'investigation, aux fins de pouvoir intrépidement lâcher au premier qui s'aviserait de faire quelque observation sur *un chiffre faux*.... le fi donc! serait-il possible que des gens aussi exacts que nous sur tels ou tels points, se fussent permis volontairement quelqu'erreur sur tels autres!.... En voilà une dont ils sont capables, les rusés compèrerdu ministère des travaux publics de Belgique.

Mais du reste, bien que le calcul-contrôle des fournitures spéciales en fer, sur les treize sections en exploitation, prouve l'exactitude des données du tableau 7 du compte rendu , sur ces fournitures, nos lecteurs ne peuvent perdre de vue que cette exactitude n'existe que pour autant qu'on aie constaté *l'emploi de rails de 22 kilogr. au mètre, avec coussinets proportionnels.* Il importe donc que les chambres fassent vérifier nos rails sur toutes les lignes : car pour peu qu'on ait mélangé , pour peu qu'on ait employé ici des rails de 17,50 kilogr. , là des rails de 20 kilogr. , autrepart des rails de 22 kilogr. au mètre, il est incontestable qu'alors il se trouverait encore une déprédation de QUELQUES MILLIONS DE FRANCS sous le chiffre de 10,427,291-93 (*dix millions quatre cent vingt mille deux cent quatre-vingt-et-onze francs , quatre-vingt-treize centimes*) représentant d'après le tableau n° 7 du document du 12 novembre les frais des fournitures en fer sur les treize sections en exploitation à cette époque.

§ 11. — *Des Frais de construction des stations des treize sections en exploitation au 12 novembre 1839. Détails techniques.*

Il a été publié dans le dernier semestre de 1839 un important ouvrage sur nos chemins de fer, intitulé : *Les travaux publics en Belgique et les chemins de fer en France , rapport adressé à M. le ministre des travaux publics de France, par Edmond Teïsserenc.* Ce travail a dû nécessiter de la part de son auteur des recherches pour lesquelles les *sources officielles* du ministère des travaux publics de Belgique lui auront indubitablement été ouvertes. Voici l'étendue de quelques-unes de nos principales stations, d'après la page 655 de son ouvrage.

Bruxelles, station de l'Allée verte. . . . . -	1 hectare		54 ares.
Malines , station centrale de Malines, non compris la place occupée par les ateliers	6	»	30
Anvers.	2	»	80
Gand.	4	»	00
Ans.	2	»	50
Bruges.	1	»	64
Louvain.	1	»	56
Tirlemont.	1	»	16

Une station nouvelle est construite à Bruxelles au-dessous du Jardin Botanique ; elle aura d'après *Teisserenc,* 3 hectares 23 ares de surface, une façade de 36 mètres, et elle coûtera 718,000 (¹) francs, non compris les bâtimens....! Et l'on sait qu'en outre les frais d'établissement de la station des Bogaerds coûteront plus d'un million de francs.....!

Et, nous le répétons, M. *Edmond Teisserenc* les a puisés en lieu sûr ses renseignemens sur les chemins de fer belges : pouvait-il en être

---

(¹) Sept cent dix-huit mille francs.

autrement pour le délégué, en Belgique, du ministre des travaux publics de France.... ?

M. Teïsserenc, n'ayant donné que l'étendue en hectares de quelquesunes de nos principales stations : pour suppléer autant que possible à cette lacune, et au silence gardé sur cet objet dans le compte-rendu du 12 novembre, nous avons en partie *doublée*, et en partie augmentée *du tiers* l'étendue des stations du tableau-Teïsserenc, là ou dans les frais de construction des stations principales du compte-rendu, se trouvaient aussi compris les frais des construction de stations secondaires. Nous avons ensuite indiqué, *par approximation*, d'après les stations à-peu-près correspondantes, l'étendue de celles qui ne sont pas mentionnées dans l'ouvrage de Teïsserenc. C'est d'après ces bases qu'est dressé le tableau suivant.

Tableau détail des frais de construction des stations des treize sections en exploitation au 12 novembre, dressé d'après le tableau n° 7 du document et d'après les données précitées de l'ouvrage de Teïsserenc.

DÉSIGNATION DES STATIONS.	Frais de construction en francs , d'après le tableau n° 7 du compte-rendu.	Étendue en hectares.	Frais de construction par hectare.
Bruxelles et Vilvoorde	346,537	2,54	fr. 136,431
Duffel , Vieu-Dieu , Anvers.	192,188	4,00	48,047
Station de Malines et ses ateliers. .	806,293	9,00	89,581
Capelle , Malderen , Termonde. . .	48.827	3,30	13.949
Andeghem , Wetteren , Gand. . . .	175,943	6,00	29,324
Landeghem , Aeltre , Bloemendael , Bruges	192.504	4.64	414.88
Jabbeke et Ostende	60,724	3,50	17,349
Haeght , Wespelaer , Louvain . . .	40.635	3,56	11,415
Vertreyck , Tirlemont	55.780	2,16	25,824
Waremme.	30.784	1,50	20,522
Fexhe et Ans	150.327	3,50	42,950
Landen à Saint-Trond	9,369	1,00	9,369
	fr. 2,109,916	44.90	

Ainsi, d'après les bases de calcul du tableau précité, l'on obtient 44 hectares 90 ares pour l'étendue des stations capitales et secondaires sur les treize sections en exploitation au 12 novembre. Mais faisons ici encore une concession, et prenons pour l'étendue de ces stations le nombre rond de 50 hectares, ou 500,000 mètres carrés, dans les calculs suivans, sur les frais de construction de ces stations d'après le document du 12 novembre.

Ainsi qu'il a déjà été observé au paragr. 2 de ce chapitre, la valeur moyenne des terrains sur la ligne de Bruxelles à Anvers, que l'on peut considérer comme *normale* dans l'espèce, n'a guère dépassé, d'après le témoignage même de MM. Simons et De Ridder (¹) les 6500 francs par hectare, indemnité, frais d'expropriation, tout enfin compris. De manière que les frais d'acquisition, indemnité, etc., des 50 hectares formant l'étendue maximum des diverses stations sur les treize sections en exploitation, telles qu'elles sont mentionnées au compte-rendu du 12 novembre, n'ont guère pu dépasser les (50 multipliant 6500) 325,000 francs. Mais néanmoins, fidèle à notre principe de n'éplucher le compte-Nothomb que d'après des bases larges, généreuses, et en faisant partout ou c'est possible des concessions en faveur de ce document, *nous admettons en fait,* que le prix de l'hectare de terrain acquis pour l'assiette des stations s'est élevé à 10,000 francs. Donc sur ce pied nous avons (10,000 multipliant 50) 500,000 francs pour l'acquisition des terrains des stations.

Déduisant ces 500000 francs du total général des frais de construction des stations, figurant au tableau n° 7 du document-Nothomb pour 2,109,918-71 francs, il reste 1,609,918-71 francs de *prétendues dépenses pour les bâtimens des stations.*

(¹) Voici, d'après le mémoire même de MM. Simons et De Ridder, 2ᵈᵉ édition, pag. 43 et 44, les terrains de diverse nature qu'il a fallu exproprier pour l'assiette de la ligne de Bruxelles à Anvers.

1° — 11 *Hectares jardins ou bosquets.* Au *Moniteur* du 29 septembre 1837 (*Enquête*), ces deux ingénieurs, parlant d'expérience, et sur des faits accomplis, évaluent *le maximum* des frais d'acquisition et d'expropriation des terrains de cette nature à 6000 francs; donc, ci pour les 11 hectares. . . . . fr. 66,000

2° — 32 *Hectares prairies,* évalués, d'après l'expérience acquise, par les deux ingénieurs (*Moniteur* susdit) à 6000 francs l'hectare au maximum. . . . . fr. 192,000

3° — 31. *Hectares terres labourables,* évalués d'après l'expérience surfaits accomplis, à un maximum de 4000 francs l'hectare. Voir le *Moniteur* susdit, dont ci. 124,000

Indemnités (*Moniteur belge* du 29 septembre 1837). 121,000

77 Hectares, terrains de diverses espèces, ci. . . . . fr. 503,000

Ainsi, divisant les 503,000 francs par les 74 hectares, l'on arriverait à une moyenne maximum de 6797 francs, par hectare. Mais observons bien, lecteurs, que ces prix sont considérés par MM. Simons et De Ridder, comme *fort élevés* d'après leur expérience même sur les terrains acquis des section déjà exécutées sous leur direction à cette époque. Voyez leur critique du projet Vifquain, De Moor et Noël, sur la ligne de Bruxelles à Valenciennes, au n° du *Moniteur* précité et suivant (*Enquête*). De sorte que l'on peut sûrement évaluer que la moyenne de 6500 francs par hectare, ne peut s'être trouvée guère dépassée. Aussi sur la ligne de Gand à Tournay, où les terrains sont fort chers, les deux ingénieurs n'ont-ils évalués, forts de leur expérience, les terrains qu'à 6571 francs comme la remarque en a été au § 2. Cette note aurait peut-être mieux trouvé là sa place : mais c'est un détail qui ne saurait ici non plus paraître hors de propos.

La superficie des bâtiments aux stations, n'occupe au *maximum*, et en y comprenant les ateliers de Malines et à Bruxelles, que la dixième partie de l'étendue ou de la surface des stations; et c'est là encore un calcul large et ample : car, aux stations intermédiaires, il ne se trouve pour tout bâtiment qu'une *loge en bois*. Sur ce pied , les bâtimens des stations occupant le dixième de leur étendue de 50 hectares, auraient une superficie de 50,000 mètres carrés ou de 190,000 toises carrées.

Bien que ces bâtimens ne soient qu'à un seul étage, pour la très-grande majorité, et à deux étages pour une très-faible minorité; qu'en outre la maçonnerie est loin d'être trop massive, nous admettons néanmoins que les murs des bâtimens des stations soient assis sur pilotis; que par conséquence leur maçonnerie ait exigé 5000 pilotis à 20 francs pièce en œuvre , donc 100,000 francs. Nous adjugeons en outre 50,000 francs pour le *nivellement du terrain* des stations, 50,000 francs pour *menuiserie, charpente, chassis en fonte* , enfin 150,000 francs pour *plombs, tuiles et pannes.* Total 350,000 francs pour ces divers articles.

Il reste donc (1,609,916-30 moins 350,000) 1,259,916 francs pour *la maçonnerie.*

Pour leur journée ordinaire de 10 heures, deux maçons peuvent produire 2,50 mètres cubes de maçonnerie. Chaque maçon et son manœuvre ne gagnent en Belgique, terme moyen, les deux que 4 francs; delà (deux multipliant 4 et divisé par 2,50) 3,20 francs pour la main-d'œuvre du mètre cube de maçonnerie. Ce mètre contient au maximum 800 briques (boeresteenen); prenons-les à 8 florins cour. ou 10 fr. 88 centimes les 1000 ; sur ce pied les 800 briques du mètre cube reviendront à 8 fr. 70 cent., plus 15 p. % de leur volume en mortier : prenons pour le tout 10 francs, et ce sera fort largement calculé. Ainsi (3,20 plus 10) 13 fr. 20 cent. pour le prix du mètre cube de maçonnerie, d'après notre ample et généreuse évaluation. A la date du 12 novembre 1839, c'était plus qu'ample que d'évaluer, dans chacune des dix stations d'Ostende, Bruges, Gand , Courtrai, Termonde, Anvers, Bruxelles, Louvain , Tirlemont, Ans, toute la maçonnerie existante (et il en est fort peu dans cette dernière station), comme étant susceptible d'équivaloir à un bâtiment ayant 100 mètres de longueur à chacun de ses côtés, sur 10 mètres de hauteur au ras de la toiture (100 multipliant 10 et 4) donc 4000 mètres carrés de façade; les murs ayant 1 pied, soit ,33 de mètre épaisseur, le cubage de la maçonnerie de ce bâtiment serait de (4000 multipliant ,33) 1320 mètres cubes, soit (1320 multipliant 10) 13,200 mètres cubes pour les dix stations. Maintenant, admettons que la station de Malines et ses ateliers ait à elle seule la moitié du cubage de cette maçonnerie, et nous arrivons à 6600 mètres cubes pour la maçonnerie de cette station. Delà total général de la maçonnerie des stations existantes, 13,200, plus 6600, soit 19,800 mètres cubes, représentant une valeur de (19,800 multipliant 13,20) 261,360 francs. Mais l'on vient de voir que d'après l'analyse du maximum possible des dépenses pour l'établissement des stations d'après le compte-Nothomb, la maçonnerie devrait se trouver représentée par le chiffre 1,259,916 francs au moins; mais nos calculs précédens ont démontré que cette maçonnerie, avec des bénéfices très-satisfaisans pour les entrepreneurs ne pouvait s'élever qu'à 261,360 francs, chiffre inférieur au premier de 998,556 francs, et ce chiffre représente encore un vol de MM. Nothomb et Cᵉ.

Et remarquez, bien lecteurs, que dans le calcul du cubage de la maçonnerie, nous n'avons fait aucune déduction pour les *portes et les fenêtres*, qui, équivalant ordinairement dans ce genre de bâtimens, au cinquième de la superficie des façades, correspondent par conséquence ici à un cubage de maçonnerie, ayant, d'après les bases prémentionnées, une valeur de (261,360 divisé par 5) 52,272 francs. D'après les bases généreuses qui président à nos calculs, nous supposons ces 52,272 francs affectés *aux loges en bois* des stations intermédiaires, mentionnées au tableau 7 du compte-rendu, au nombre de dix-sept, savoir : Vilvoorde, Duffel, Vieu-Dieu, Capelle, Malderen, Termonde, Audeghem, Wetteren, Landeghem, Aeltre, Bloemendael, Jabbeke, Haegt, Wespelaer, Vertryck, Fexhe et Landen; donc (52,272 divisé par 17) 3074 *francs pour les loges en bois* de chacune de ces stations intermédiaires....!

Ainsi, en évaluant d'après les bases les plus larges, les plus généreuses, d'une ampleur presque folle, les frais de construction des stations mentionnées au tableau 7 du compte-rendu du 12 novembre, il est impossible de ne pas trouver masqués sous leur total général porté pour 2,109,918-71 fr. au document, une déprédation de 998,556 francs (*neuf cent quatre-vingt-dix-huit mille cinq cent cinquante-six francs*), et cette déprédation, nous l'enregistrerons provisoirement dans notre *catégorie des vols purs et simples*, prêts à la transferer à *la catégorie* des vols-et-pot-de-vin, s'il arrive réclamation.

§ 12. — *Des Frais d'administration et de conduite des travaux dans la construction des treize sections, en exploitation au 12 novembre 1839.*

La case 17 du tableau synoptique démontre que, pour la totalité des 540,59 kilomètres railway, dont les devis sont connus, il est porté en compte pour frais d'administration et de conduite des travaux 1,424,803 francs, soit (1,424,803 divisé par 540,59) 2626 francs par kilomètre. Et ces frais d'administration et de conduite des travaux, sont calculés sur les bases les plus larges. Et, en effet, MM. Simons et De Ridder, critiquant le projet de leurs confrères, MM. Vifquain, De Moor et Noël, pour le railway de Bruxelles à Valenciennes (*Moniteur belge*, du 29 septembre 1837 et suivans), et dans la vue de faire ressortir l'exagération du devis de ces trois derniers ingénieurs, *sur les frais de conduite des travaux*, leur opposent les frais de conduite avec le salaire du personnel des travaux, tels que ces frais de conduite s'étaient trouvés, *d'après leur propre expérience*, sur les sections achevées à cette époque *sous leur direction*.

La ligne de Bruxelles à Valenciennes, dont il s'agit ici, a 85 1/2 kilomètres de longueur. La durée des travaux était fixée à deux ans. Le tableau suivant démontre quels devaient être les frais d'administration et de conduite des travaux sur cette ligne, d'après leur expérience acquise. Les données du tableau sont donc une excellente *Normale* pratique dans l'espèce, et l'importance en est trop grande pour que nous ne croyions indispensable de citer textuellement les expressions des deux ingénieurs ex-directeurs-chefs. « Nous pensons, disent-ils, que le service (d'administration et de conduite des travaux sur cette ligne) peut être convenablement fait pour la somme et avec les moyens ci-dessous.

« Un ingénieur directeur-en-chef à fr. 15,000 ([1]), ci pour deux ans . . . . fr. 30,000

« Deux ingénieurs ordinaires, à fr. 8000 chaque, ci pour deux ans et demi 40,000

« Six conducteurs à fr. 5000 chaque, ci pour deux ans et demi 75,000

« Vingt surveillans à fr. 2500. 100,000

« Frais de comptabilité, de bureau, impressions, etc. . . 35,000
____
fr. 280,000

Ainsi les frais d'administration et de conduite sur cette ligne, dont l'achèvement *avec double voie* était évaluée à deux ans et demi, ne devaient d'après *l'exp érience acquise* de MM. Simons et De Ridder, s'élever qu'à 280,000 francs, soit 3274 francs, *avec la pose de la double voie*. Et remarquez-le bien, sur *quel pied* sont calculés les traitemens de cette donnée.....! Eh, n'est-il pas incontestable que, NI LE CLERGÉ, NI LA MAGISTRATURE, NI L'ARMÉE n'offrent point d'exemple dans leurs diverses hiérarchies,

([1]) Ainsi, sur le pied de 15,000 francs par an, MM. les directeurs de nos chemins de fer jouissent d'un traitement égal celui du premier magistrat du royaume, *du président de la cour de cassation....* Il est toujours excellent que nous ayons appris, *in scriptis*, par Simons et de Ridder mêmes, le montant exact de leur traitement... M. Nothomb a eu pendant sa gestion ses émolumens de ministre, 21,000 francs par an. Tout cela viendra fort à propos sur le tapis lorsqu'il s'agira de faire restituer *au trésor* par Nothomb, De Ridder et consorts,

Les millions, qu'ils auront sans doute pris

. . . . . . sur leurs économies !!

. . . . . . comme *B........ et C*.

de traitemens aussi ronds, aussi dodus que ceux de MM. du corps des ponts-et-chaussées, presqu'exclusivement composé de Wallons.

Et néanmoins les frais d'administration et de conduite des travaux, calculés avec d'aussi amples, d'aussi prodigues salaires pour les diverses classes d'employés ponts-et-chaussées, se *trouvent presque doublés* d'après le montant du compte-Nothomb pour les treize sections en exploitation, où ces frais figurent pour 1,394,475-32 francs. Mais la longueur de ces sections n'étant que de 312 mètres, il s'en suit que d'après le compte-rendu du 12 novembre, les frais d'administration et de conduite dans leur construction, se seraient élevés à 4470 francs par kilomètre, et remarquez bien, lecteurs, qu'à peine *le quart* de cette longueur se trouvait achevée, *en double voie*, au 12 novembre. Or la différence entre le chiffre de 4470 fr. et celui de 3274 fr., donné d'expérience, par Simons et De Ridder, pour les frais de conduite par kilomètre *en double voie*, est de 1196 francs; et le prix Simons et De Ridder se trouve assis sur de si amples bases, que le pays peut, à juste titre, considérer comme *vol* sur ses deniers, tout chiffre de prétendues dépenses qui dépasserait le taux des deux ingénieurs ex-directeurs sur ce chapitre. Ainsi, à raison de 1196 francs par kilomètre, différence qui, pour les 312 kilomètres achevés au 12 novembre, revient à 373,152 francs, n'hésitons-nous pas à enregistrer dans notre catégorie de vols purs et simples, *trois cent soixante-treize mille cent cinquante-deux francs*, masqués sous le chiffre de 1,394,475-32 francs, figurant au tableau n° 7 du compte-rendu Nothomb pour prétendues dépenses d'administration et de conduite des travaux sur les 13 sections en exploitation au 12 novembre 1839, et c'est *le Minimum*.

§ 13. — *Des Frais d'inauguration des sections en exploitation au 12 novembre* 1839.

Voici, d'après le tableau n° 7 du compte-rendu du 12 novembre, les dépenses d'inauguration des sections en exploitation à cette époque.

Indication des Sections.	Dépenses d'inauguration.
Bruxelles à Malines . . . . fr.	40,821-13
Malines à Anvers	26,866-09
Malines à Termonde	251-00
Termonde à Gand.	20,388-00
Gand à Bruges.	4,448-23
Bruges à Ostende	3,958-47
Malines à Louvain.	13,160-27
Louvain à Tirlemont	2,250-75
Total. . . . fr.	112,152-94

Ainsi les inaugurations auraient coûté au pays 112,152-94 fr. Il y en a eu *huit,* donc juste 14,019 francs pièce, l'une portant l'autre. Ce capital est trop majeur pour que nos lecteurs ne soient curieux d'en avoir le cœur net.

Force petits drapeaux et tentures tricolores, une estrade en planches, en guise de tréteaux, voilà où se borne l'appareil *normal* que l'on a pu remarquer jusqu'ici dans les diverses inaugurations des sections du railway national. Les petits drapeaux tricolores et les tentures pour décorer les voitures, ainsi que les estrades, forment dans le calcul des dépenses de ces cérémonies, *une constante.* Leur acquisition une fois faite, ils peuvent au moins servir dix ans, donc pour toutes les inaugurations présentes et futures. Prenons que le nombre de petits drapeaux tricolores, exhibé par inauguration, soit de 1000, et c'est bien le *maximum.* Chaque drapeau est formé d'une aune calico aux couleurs tricolores, cloué autour d'un bâton en bois blanc. Pour asseoir l'évaluation sur une *fondation largement calculée,* comme disent MM. Simons et De Ridder, prenons *cinq francs* par drapeau, nous en aurons pour 5000 francs. Prenons ensuite que l'administration se soit mis en frais de 2000 aunes calico tricolore pour les tentures, et prenons-les à 5 francs l'aune de Brabant, c'est le prix du mérinos de France, et nous arrivons à 10,000 francs pour les tentures. Adjugeons ensuite 5000 francs pour floches et ornemens de passementerie, et nous voilà à un total de vingt mille francs pour la dépense en tenture, drapeaux et ornemens de passementerie, dont le prix une fois fait doit figurer comme *constante* dans le calcul des frais d'inauguration. Et MM. Nothomb et comp^e ne trouveront pas, il faut le croire,.... que c'est *lésiner....* Outre cette constante de vingt mille francs pour les drapeaux, etc., admettons que l'établissement de l'estrade dans la station inaugurée, l'exhibition des drapeaux, la décoration des voitures et de la station inaugurée montent à 2500 francs, et c'est ample *à profusion;* nous aurons donc encore vingt mille francs pour les estrades et dépenses accessoires aux huit inaugurations mentionnées au compte-rendu du 12 novembre. Quant aux dépenses extraordinaires, soit en frais de combustible soit en personnel, nécessitées par les inaugurations, nous passons *néant* là-dessus, attendu que ces jours-là une bonne partie des convois ordinaires est supprimée, et que le combustible et le personnel épargné de ce chef est affecté aux *convois d'honneur.* Il n'y aurait certes pas de mal à ce que l'administration mît, dans ces jours de grande solennité, une cinquantaine de bouteilles de Champagne, quelques jambons, saucissons, etc.; enfin *une collation,* à la disposition du personnel des bureaux de la station inaugurée; plus un tonneau de *faro* et les comestibles analogues pour les ouvriers de la station,.... pour qu'il y en ait pour tout le monde... Mais là-dessus également, nous passons *néant,* vu que l'administration du railway met la *sobriété perpétuelle* à l'ordre du jour de ses employés (¹). Quant au comité-directeur des affaires du chemin de fer, s'il *chique et boit sec* aux inaugurations, c'est aux dépens des régences, c'est AUX DÉPENS DU PUBLIC. *Néant* donc pour le total des vivres et victuailles que l'administration pourrait faire figurer dans le détail des 112,152-94 fr. prétendûment dépensés pour nos huit inaugurations.

Nous en restons donc aux vingt mille francs pour drapeaux, tentures et floches, plus vingt mille francs pour les estrades et l'exhibition des draperies et décorations, total général quarante mille francs, maximum des *frais effectifs* auxquels aient pu s'élever les dépenses d'inauguration des huit sections qui figurent au compe-rendu.... ah! mais.... peste! j'oubliais les cartes d'invitation!... Le maximum de ces cartes distribuées à chaque inauguration est de 2000. On pourrait se les procurer à 8 fr. les 100 : mais, pour faire les choses largement à la façon de ces messieurs et d'après leur devise POTS-DE-VIN EN TOUT ET POUR TOUT, prenons les cartes d'honneur à 25 francs les 100, nous en avons pour **500 fr.** par inauguration, donc 4000 francs de cartes pour les *huit* inaugurations, lesquels ajoutés aux 40,000 francs sus-détaillés, portent à 44,000 francs le maximum auquel il soit possible de faire atteindre les *frais effectifs* pour les inaugurations, qui figurent au tableau nº 7 du compte-rendu pour 112,152-94 fr. — L'excédent des prétendues dépenses du compte-Nothomb sur ce chapitre est de 68,152 fr. 94 centimes, et cet excédent étant *injustifiable*, nous n'hésitons pas à le ranger dans la catégorie des déprédations pures et simples , en enregistrant *soixante - huit mille cent cinquante-deux francs quatre-vingt-quatorze centimes* , masqués sous les 112,152-94 fr. figurant au compte-Nothomb pour prétendues dépenses d'inauguration. —Et ici encore il n'y a pas a alléguer un manque *d'économie*, pour écarter l'accusation *de vol*. . . . Nothomb et ses affidés connaissent trop bien *le prix de l'argent* pour jeter par les fenêtres.... *Soixante mille huit cent cinquante francs*. . . . . Eh! leurs antécédons sont là. . . *chippés nets*.

(¹) Les employés du railway sont presque tous *pères de famille*, et jusqu'aux chefs de station inclusivement, ne reçoivent qu'un traitement insuffisant pour leurs besoins, et tandis que les ponts-et-chaussées chefs ont des salaires scandaleux, comme on en a vu les preuves dans paragr. 12, et qu'ils *se livrent en outre, sans peur, à leurs sales opérations*. Et le croirait-on chaque fois qu'il s'agit de jeter de la *poudre aux yeux du public*, ce sont des réductions ou au salaire, ou au personnel des employés secondaires que l'on met en avant ! Nous reviendrons longuement sur ce chapitre dans la seconde partie de notre travail. Nos détails sur ce sujet, les preuves à l'appui que nous tirerons du document du 12 novembre , mettront dans tout leur jour le savoir-faire de Nothomb, Masui, Simons, De Ridder et Cº.

§ 14. — *Résumé des frais de construction des treize sections en exploitation au 12 novembre 1839, ainsi que des déprédations commises sur ces frais.*

Le tableau suivant résume le texte de ce paragraphe.

Tableau synoptique des *Dépenses faites pour les divers élémens constituant l'ensemble des frais de construction des treize sections en exploitation au 12 novembre 1839, d'après le compte-rendu Nothomb, ainsi que des déprédations masquées sous les chiffres de ces dépenses.*

Élémens des dépenses et parag. de ce chap. pour le renvoi aux détails.	Chiff. réprésentant le total des dépenses d'après le tab. Nothomb n° 7.	DÉPRÉDATIONS SUR CES ÉLÉMENS.	
		Vols purs et simples.	Pots-de-vin.
Acquisition des terrains § 2	8,497,206-95	4,613,720	. . . .
Ouvrages d'art 3	. . . .	. . . .	. . . .
Frais de terrassemens. . 4	. . . .	. . . .	. . . .
Fourniture des sables. . 7	. . . .	1,259,887	. . . .
Frais de pose du railway. 8	. . . .	4,661,954	. . . .
Total des 4 art. précéd.	14,531,530-95	. . . .	. . . .
Fourniture des billes . . 9	1,838,814-14	. . . .	249,249
Fourniture des rails, etc. 10	10,427,291-93	. . . .	. . . .
Construct. des stations . 11	2,109,918-71	998,556 (¹)	. . . .
Administration et conduite des travaux . . 12	1,394,475-22	373,152	. . . .
Frais d'inauguration . . 13	112,152-94	68,152	. . . .
	38,911,390-84	11,975,421	249,249
	Report. 249,249		

Total des deux catégories . . . . . fr. 12,224,670

Ainsi, le total général des déprédations démasquées dans ce chapitre second, d'après les démonstrations respectivement développées aux paragraphes désignés dans la première colonne du tableau, s'élèvent à DOUZE MILLIONS DEUX CENT VINGT-QUATRE MILLE SIX CENT SEPTANTE FRANCS sur les prétendues dépenses alléguées par le compte-rendu du 12 novembre, pour frais de construction des treize sections en exploitation à cette époque. Et la marche consciencieuse et loyale que nous avons suivie dans nos investigatious, en nous basant toujours sur *les faits*, et en faisant *d'après ces faits* mêmes de larges concessions en faveur de Nothomb et de ses affidés, doit écarter de nous tout soupçon d'avoir voulu exagérer les choses. Loin de là une enquête éclairée et bien conduite prouvera que nos révélations sont encore bien inférieures à la réalité des immenses déprédations commises dans la construction de nos lignes de chemins de fer en exploitation.

⸻⸻⸺◈⸻⸻⸻

CHAPITRE III ET DERNIER.

DES FRAIS DE CONSTRUCTION DES SECTIONS EN VOIE D'EXÉCUTION AU 12 NOVEMBRE 1839.

§ 1 *et unique. — Des frais pour acquisition des terrains, expropriations et indemnités sur les sections en voie d'exécution au 12 novembre.*

Les détails du compte-rendu sur les sections en voie d'exécution, sont nécessairement fort incomplets, et l'on conçoit que si nos recherches dans le chapitre précédent, ont fait voir combien peu se sont gênés MM. Nothomb et Cᵉ, dans leurs édifiantes opérations sur les sections achevées, ils ont pu se donner les coudées bien plus franches encore dans le rapport des prétendues dépenses faits pour des sections qui, n'étant pas parfaites, ne sauraient, comme les précédentes, se prêter au contrôle d'un calcul analytique. Aussi force nous est-il ici, lecteur, de *gober* les 1,384,145 francs portés en compte sur le tableau n° 7 du document-Nothomb, pour terrassemens, ouvrages d'art et pose du railway, sur ces sections; puis 167,978 francs pour les billés; enfin 1,838,814 francs pour les rails et dépendances. Toutefois, si par force majeure, nous devons *avaler* tout cela *sans contrôle*, ce n'est pas sans nous réserver de le *ruminer* plus tard. Entretems bornons nous ici à l'examen des dépenses faites pour les acquisitions des terrains sur les sections susmentionnées : les bases fondamentales de cet examen sont relatées dans le tableau suivant.

Tableau analytique des frais d'acquisition des terrains, expropriations et indemnités sur les sections en voie d'exécution au 12 novembre 1839.

INDICATION SPÉCIALE DE CHACUNE DE CES SECTIONS (¹).	Longueur en kilomètres d'après les tableaux pag. 2, 3 et 4 du compte-rendu.	Longueur en kilomètres, de celles sur lesquelles portent les frais d'acquisition, indemnit., etc.	Frais d'acquisition, etc. d'après le tableau 7 du compte-rendu.
Ans à la Meuse.	5,100	5,10	1,030,157-40
Liége à Verviers	25,400	25,40	45,793-61
Verviers à la frontière . . .	15,000	. . . .	. . . .
Courtrai à la frontière . . .	14,680	. . . .	. . . .
Tournai à la frontière . . .	17,920	. . . .	. . . .
Bruxelles à Forest et Tubise	 20,265	 20,265	1,410,680-36 447,596-12
Tubise à Mons.	42,526	. . . .	. . . .
Namur à Mornimont. . . .	14,600	14,600	10,000-00
Rectification et aggrandissement de la station du Nord à Bruxelles	. . . .	. . . .	95,000-00
	155,491	65,365	3,039,227-49

L'on voit que la longueur de celles des sections en cours d'exécution au 12 novembre, sur lesquelles portent les 3,039227-49 francs de la quatrième colonne du tableau, n'est que de 65,365 kilom., soit 65,365 mètres. Le maximum de largeur que l'on puisse supposer à ces sections, fossés et francs-bords compris, est de 25 mètres : car n'oublions pas que la plus grande largeur du railway, au ras des billes ou au couronnement des remblais, ou bien au fond des deblais, n'est que de 7,50 à 8 mètres. Multipliant donc les 65,365 mètres longueur de ces sections par leur largeur de 25 mètres, il résulte de l'opération que leur assiette requerrait 1,634,125 mètres carrés de terrains, lesquels, à raison de 10,000 mètres carrés par hectare, correspondent à 163,41 hectares.

Les remarques suivantes démontrent l'ample suffisance de ces terrains pour l'assiette complète avec double voie des sections auxquelles ils sont affectés.

1° Il résulte de la note 3 du tableau, pag. 34, que d'après les bases de ce tableau, le tiers des terrains nécessaires à l'assiette de la ligne de Waremme à Liége, terrains évalués à 89 hectares par Simons et De Ridder, se trouve considéré comme affecté à la section d'Ans à la Meuse; et, le tiers de ces terrains correspondant à 29,67 hectares, soit 296,700 mètres carrés, suffit pour assurer une largeur moyenne de 58 mètres à cette section qui n'a que 5,18 kilomètres ou 5100 mètres de longueur.

<hr>

(¹) Nous donnons ici l'indication de ces sections, comme elles se trouvent au tabl. 7 du compte-rendu du 12 novembre ; en relatant dans la troisième colonne du tableau, les données essentiellement nécessaires pour les recherches sur l'objet de ce paragraphe.

2° Déduisant des 163,41 hectares susmentionnés les 29,67 hectares affectés à la section d'Ans à la Meuse, il reste 133,74 hectares pour les autres sections, lesquelles déduction faite des 5,10 kilomètres pour la longueur de la section d'Ans à la Meuse, ont une longueur de 60,265 kilomètres, soit 60,265 mètres. Donc divisant les 133,74 hectares, ou 1,337,740 mètres carrés de terrains, par la longueur de 60,265 mètres de ces sections, nous leur assurons une largeur moyenne de 22,19 mètres, et c'est plus qu'amplement suffisant.

3° D'après le tableau synoptique, l'on voit que les ingénieurs n'ont affecté à l'assiette avec double voie des 540,59 kilomètres de railway, que 1004,98 hectares de terrains, soit 1,87 hectares par kilomètre. Or, en évaluant à 163,41 hectares, les terrains nécessaires pour l'assiette des 65,365 kilomètres du tableau, nous arrivons à 2,50 hectares par kilomètre, et cette quantité est à-peu-près de 2/5 supérieure à l'évaluation des ingénieurs. Or, nous avons vu au paragr. 2 du chap. I, combien ces évaluations ont du être exactes. D'ailleurs, et nous le répétons, l'évaluation des terrains requis pour l'assiette de nos railways, est trop simple, et trop facile, pour qu'il fut permis à des ingénieurs chefs, à des hommes comme MM. Simons, De Ridder, De Moor, Noël et Vifquain de faire des mécomptes sur le chapitre. Aussi n'y en a-t-il pas eu.

Ces démonstrations suffisent donc pour prouver qu'en adjugeant 163,41 hectares de terrain, à celle des sections en voie d'exécution au 12 novembre sur lesquelles portent les 3,039,227-49 francs de la quatrième colonne du tableau, nous admettons un maximum, en un mot que nous faisons une véritable concession.

La ligne d'Ans à la Meuse, et de la Meuse à Verviers a été projetée par MM. Simons et De Ridder, qui ont également fait des études sur des lignes à-peu-près correspondantes aux autres sections mentionnées au tableau précédent. Au *Moniteur* du 29 septembre 1837 et suivans (*Enquête*) ces deux ingénieurs assurent que l'hectare de terrain ne peut y dépasser les 6500 à 7000 francs; et il faut les en croire; car, et leur propre expérience, et les informations près des autorités dans les localités que ces lignes devaient traverser, donnent à leur parole force de dogme. Mais néanmoins faisons encore une *large concession*, et admettons que ces terrains puissent s'élever jusqu'à 9000 francs l'hectare. Nous arrivons sur ce pied, pour les 163,41 hectares à 1,470,690 francs.

Mais, d'après le compte-rendu, et comme le tableau le fait voir, les dépenses pour l'acquisition des terrains seraient de 3,039,227-49 francs. La différence est de 1,568,537-43 francs, et cette différence étant injustifiable par MM. Nothomb et Cᵉ, ne fait encore ici que masquer une de leurs déprédations.

Ainsi, pour le seul point que nous ayions pu aborder avec le scalpel analytique, dans les prétendues dépenses pour les sections en exploita-

tion au 12 novembre 1839, savoir, l'acquisition des terrains, expropriations et indemnités, nous surprenons MM. Nothomb et C⁰ en déprédation
flagrante de 1,568,537-49 fr. (*un million cinq cent soixante-huit mille
cinq cent trente-sept francs quarante-neuf centimes*), masqué sous le
chiffre de 3,039,227-41 fr. représentant au tableau n° 7 du compte-
rendu les prétendues dépenses pour acquisitions des terrains sur les sections en cours d'exécution au 12 novembre.

RÉSUMÉ DE CETTE PREMIÈRE PARTIE.

CONCLUSION.

Les capitaux mis par les chambres à la disposition du ministre des
travaux publics pour la construction du railway national, jusqu'au
12 novembre 1839, sont (V. pag. 6 du compte-rendu) :

1° En vertu de la loi du 1er mai 1834, en bons du
trésor . . . . fr. 10,000,000
2° En vertu de la loi du 18 juin 1836, l'emprunt de. 30,000,000
3° En vertu de la loi du 12 novembre 1837, encore en
bons du trésor 10,000,000
4° En vertu de la loi du 25 mai 1838, l'emprunt de. 37,000,000

Total *quatre-vingt-sept millions de francs* . . . . . . .Ci. fr. 87,000,000

SOMMES A DÉDUIRE DE CE CAPITAL (V. pag. 7 et 8 du compte-rendu)

1° Le remboursement des 10,000,000 en bons du tré-
sor, du 1er mai 1834. . . . . fr. 10,000,000
2° Les dépenses résultant de la reprise de la concession
de la Sambre. 2,490,000
3° D'après le taux d'émission, le capital nominal de
l'emprunt des *trente millions de francs* ne correspondait
qu'à un capital effectif de *vingt-sept millions six cent
mille francs.* Ci la différence. 2,400,000
4° Les frais de l'emprunt *des trente millions* 235,836
5° Pour routes ordinaires (Voyez aussi le rapport de
M. P. Devaux, 18 mai 1838) 350,000
6° Pour routes ordinaires, conformément à la loi du

A reporter fr. 15,475,836

Report. . .   15,475,836

2 mai 1836 (Voyez le rapport de M. Devaux prémentionné) (¹).   933,551

   7° La partie de l'emprunt des 37,000,000 de francs,
affectée à la construction des routes ordinaires   2,577,226

   8° Les frais de l'emprunt des 37,000,000 de francs.
D'après le document du 12 novembre 1839, le chiffre de
ces frais ne devait être exactement connu qu'au 6 février 1840, époque du dernier versement à faire par
MM. Rothschild. Au mois de juin dernier, les frais constatés s'élevaient à 237,868 francs. Ceux qui restaient à
faire, *étaient évalués*, à la même époque, à 220,000 fr.
Ensemble.   457,869

   9° L'emprunt de 37,000,000 de francs, *capital nominatif*, contracté à 3 p. %, n'ayant fourni qu'un *capital
effectif* de 36,104,068 francs. Ci la différence   895,932

   10° Le remboursement des 10,000,000 en bons du trésor du 12 novembre 1837.   10,000,000

Total.   fr. 30,340,414

   Ainsi des capitaux votés par les chambres, il y aurait à déduire *trente
millions trois cent quarante mille quatre cent et douze francs.*

   Du reste, bien que notre analyse du compte-rendu du 12 novembre
ait démontré combien les *chiffres Nothomb* sont sujets à caution, nous les
admettons ici *tels quels :* nos investigations à cet égard se rattacheront
à l'examen des dépenses pour les routes ordinaires, mentionnées au
compte-rendu du 12 novembre. Toutefois, et dans l'intérêt du pays, nous
croyons devoir faire observer à nos lecteurs combien sont onéreux les
emprunts au moyen desquels nous construisons nos chemins de fer.

   Sur l'emprunt des 30,000,000, capital nominatif, nous
avons perdu . . . . . fr. 2,400,000

   Les frais se sont élevés à   235,836

   Sur l'emprunt des 37,000,000 de francs, la perte a
été de.   895,932

   Les frais se sont élevés à   457,868

Totaux fr. 67,000,000 . . . . fr. 3,989,636

   Ainsi sur nos 67,000,000 fr. d'emprunts il a fallu sacrifier 3,989,636 fr.
Or, la section de *Malines à Bruxelles*, avec sa double voie, ouvrages

---

(¹) Dans le rapport de M. Paul de Vaux, du 18 mai 1838, cet article ne figure que
pour 312,224 francs. Le chiffre du rapport-Nothomb est supérieur de 621,327 francs
(*six cent vingt-et-un mille trois cent vingt-sept francs*), certes cela mérite d'être
éclairci.... Serait-ce *une irrégularité ?*

d'art. etc., *telle qu'elle* figure au tableau 7 du compte-rendu, n'a coûté que 3,712,199 francs. Ainsi nos emprunts nous coûtent plus que toute cette importante section. La perte est de 6 % à infiniment près.

Maintenant, déduisant du capital de 87,000,000 de francs prémentionné, les 30,340,412 francs sus-détaillés, il reste 56,659,586 francs , qu'en conformité de la pag. 10 du compte-rendu du 12 novembre, nous admettons comme total général des capitaux mis par les chambres à la disposition de Nothomb et Cᵉ pour la construction du railway national , toutefois sans préjudice des *irrégularités* que des recherches ultérieures pourraient nous faire découvrir sous le chiffre déduit de 30,340,412 francs.

Voici, comment M. Nothomb, tableau nᵒ 7 et pag. 40 , rend compte de l'emploi du capital des 56,659,586 francs.

DÉPENSES POUR L'ETABLISSEMENT DES SECTIONS.

	SECTIONS EN		Total-général.
	Exploitation.	Cours d'exécution.	
Établiss. des sections décrétées.	35,406,996-91	6,240,836-50	41,647.833-41
Construction des bâtimens et dépendances	2,109,918-71	22,455-00	2,132,373-71
Matériel des transports.	8,300,135-48	. . . .	8,300,135-48
Personnel, frais de conduite et de bureau.	1,394,475-32	178,590-84	1,573,066-16
A-comptes payés par anticipation à divers	. . . .	. . . .	1.010,894-78
Frais d'entretien et d'exploitation du chemin de fer pendant les années 1835 et 36 , avant qu'une allocation fût portée de ce chef au budget de l'état (¹)	. . . .	. . . .	599,908-40
Balance d'arrêt de compte au 30 septembre 1840.	. . . .	. . . .	1,395,373-85
		TOTAL.	56,659,585-79

(¹) La section de Bruxelles à Malines fut ouverte le 5 mai 1835. Du 5 mai 1835 au 3 mai 1836 , *un an*, elle *rapporta* 9 p. % *tous frais payés*. C'est un fait *officiellement* annoncé au pays dans le temps. La section de Malines à Anvers fut ouverte le 3 mai 1836 et de là jusqu'à la fin de décembre, elle *courrit largement tous ses frais d'exploitation*. Ce furent là les seules sections ouvertes en 1835 et 36.... On ne commença de *parler de déficits sur les frais d'exploitation, à combler par une subvention spéciale que vers la fin de 1837....* Mais si les deux sections en exploitation en 1835 et 36 ont fait plus qu'amplement couvrir tous leurs frais d'exploitation et d'entretien, *et au besoin nous démontrerons , nous, qu'il est impossible que ç'ait été autrement*, que font donc là ces 599,908-40 francs ? Ces chiffres exhalent un fumet de contrebande si véhémentement suspect , que nous n'hésitons pas à les tenir comme masquant encore une de ces déprédations que nous qualifions de vols purs et simples.... il faudra voir toutefois si cela regarde M. Nothomb...., et si ce n'est pas le fait de

Maintenant, voici le résumé général des déprédations masquées sous les chiffres de ces prétendues dépenses.

RÉSUMÉ GÉNÉRAL DES DÉPRÉDATIONS MASQUÉES SOUS LES CHIFFRES DU TABLEAU PRÉCÉDENT.

1° Sous le chiffre de 8,300,135-48 francs, figurant au compte-rendu pour dépenses en matériel de voitures, locomotives et dépendances (Voir le tableau synoptique de la page 29) (1). . . . . fr. 3,691,198-99

2° Sur les divers élémens des frais de construction des treize sections en exploitation au 12 novembre, et auxquelles se borne encore l'exploitation actuelle (Voir le tableau synoptique du paragr. 12, pag. 69). 12,224,670-00

3° 1,568,537-94 francs masqués sous le chiffre de 3,039,227-49 fr. représentant les prétendues dépenses pour acquisitions de terrains sur les sections en cours d'exécution au 12 novembre 1837 (Voir le chapitre 3, pag. 70. . . . . : 1,568,537-90

4° 599,908-40 fr. pour prétendus frais d'étude et d'exploitation des sections ouvertes en 1835 et 36 Voir le tableau précédent et sa note) 599,908-40

Total. fr. 18,084,315-29

Ainsi *dix-huit millions quatre-vingt-quatre mille trois cents et quinze francs vingt-neuf centimes*, voilà le montant des déprédations à la démonstration desquelles nous a conduit l'analyse du compte-rendu du 12 novembre sur les articles qui font l'objet de cette première partie de notre travail. Mais, il est à remarquer que ce capital est pris *sur nos emprunts*, et que ces emprunts nous coûtent, en frais, 6 %. Ces 6 % sur 18,084,315 francs reviennent à 1,085,059 fr. (*un million quatre-vingt-cinq mille cinquante-neuf francs*), et cette somme doit nécessairement être ajouté au capital

De Ridder..... car la justice et l'équité avant tout chez nous.... Toujours enregisterons-nous ces *cinq cent nonante-neuf mille neuf cent et huit francs, quarante centimes* dans notre catégorie des vols... promettant bonne et chaude réplique aux réclamations de qui de droit.... *Qu'on se le tienne pour dit.*

(1) Les articles insérés au *Messager de Gand* ont été spécialement consacrés à démasquer les déprédations commises sur le matériel des voitures et des locomotives. La seule réfutation qu'ils aient reçu se borne aux lettres insérées au *Messager*, et reproduites plus bas dans cette brochure. Dans la dernière de ces lettres, M. Masui reproduit le tarif d'une maison de construction américaine. Si nous avions affaire à des adversaires loyaux, nous opposerions dès à présent à cette réfutation les argumens les plus péremptoires. les plus irréfutables. Mais force nous est de comprimer ici nos désirs... Car nous avons affaire à des gens pour qui tous les moyens sont bons.... et l'intérêt de notre défense future nous impose l'obligation de nous tenir ici prudemment sur nos gardes.

du tableau, de manière que le total des déprédations que nous démasquons dans cette première partie de notre travail s'élève en réalité à 19,169,373 francs (*dix-neuf millions cent soixante-neuf mille trois cent septante-trois francs*). Or, on peut être certain que l'intérêt des emprunts avec lesquels nous construisons nos chemins de fer s'élève jusqu'à 5 p °/₀, lesquels sur le capital délapidé de ces emprunts requièrent un service annuel de 958,468 (*neuf cent cinquante-huit mille quatre cent soixante-huit francs*).... et voilà les intérêts que les Belges auraient à payer annuellement pour les intérêts des fortunes volées par les Verrès de leur railway national.... s'ils ne savaient déployer toute l'énergie requise pour leur faire rendre gorge.....

Et, nous le répétons, la marche consciencieuse et loyale que nous avons suivie dans ces recherches, en nous guidant toujours d'après *les faits*, et en faisant sur *ces faits mêmes* de larges concessions à MM. Nothomb et Cᵉ, doit nous préserver, nous osons le croire, de tout soupçon d'avoir voulu outrer et exagérer les choses. Nous nous en référons, du reste, à notre allégation de la pag. 13 de cet écrit.... et si nos démonstrations sont venues justifier la première partie de cette allégation, en prouvant que *le tiers* au moins des capitaux votés par les chambres pour le railway national a été délapidé.... nous sommes aussi certain que la seconde partie de cette allégation sera également confirmée, et que si une enquête sévère et consciencieuse était ordonnée, elle conduirait à la découverte de la délapidation *de la moitié* de ces capitaux.

Nous voici au bout de la tâche que nous nous sommes imposée dans cette première partie de notre travail.... et maintenant viendra-t-elle encore crier au *solliciteur désappointé*.... la bande que nous venons de démasquer....? notre œuvre est là pour répondre pour nous....

Et criera-t-elle *aux menées orangistes*, parce que le *Messager de Gand* nous a ouvert ses colonnes dans une affaire d'un majeur intérêt pour le pays entier, pour tous les partis; dans une affaire où tout ce qui reste encore en Belgique du levain de nos discordes doit se taire dans l'intérêt public et dans l'intérêt privé de chaque citoyen? Eh bien! nous allons encore arracher ce moyen de récrimination aux mains de nos adversaires... et notre profession de foi, nous osons le croire, ne nous ôtera rien ni de l'appui, ni des sympathies *du Messager*, ni de l'appui ni de la sympathie que toute la presse indépendante a témoignée pour nos premiers articles... Oui, nous en protestons, toute idée d'orangisme est étrangère à ce travail: car d'après nos convictions personnelles, aujourd'hui, et par la force majeure des événemens, les menées tendant à une restauration ne sauraient aboutir qu'à ouvrir sur nous et sur nos frères du Nord, la boîte de Pandore que la perfide Angleterre tient toute prête sur nos têtes... Ses filets sont tendus.... et l'instant où des agitations éclateraient en Belgique serait aussi celui où des troubles ourdis de longue main, éclateraient en Hollande..... et fourniraient aux Anglais un prétexte pour s'emparer des colonies hollandaises.... et vomir sur nous les armées de la France, en occupant le reste de l'Europe par des mouvemens républicains en France et en Italie. Accepter les choses telles que les événemens nous les ont faites; travailler à la régénération de l'esprit public et de la dignité nationale dont les annales de la Belgique offrent tant et de si imposantes preuves; favoriser par tous les moyens possibles les mesures tendant à opérer entre nous et nos frères du Nord, des relations de bonne amitié, une fusion fraternelle aussi complète que possible, *sans nous compromettre envers l'ennemi commun*, telle nous paraît être la ligne de conduite tracée par les événemens à tout Belge, ami de son pays, telle est notre réponse à ceux qui ne verraient en nous qu'un instrument de menées orangistes.

Et dira-t-on qu'en démasquant les concussionnaires et les voleurs de nos chemins de fer, *c'est le gouvernement* que nous attaquons!... Étrange doctrine qui tendrait directement *à calomnier le roi, à calomnier ses ministres, à compromettre le repos et la morale publique.*

Et en effet, dire qu'en attaquant des concussionnaires, des voleurs des deniers publics, l'on attaque le gouvernement, n'est-ce pas rendre le chef de ce gouvernement, LE ROI, complice et solidaire des coupables... n'est-ce pas là le vrai crime de *lèse-majesté*... et je dirai plus... dans un temps où la société est travaillée par des convulsions volcaniques dont il n'est donné à personne de prévoir l'éruption, du jour au lendemain..., n'est-ce pas là compromettre la sûreté personnelle du roi... et l'engager dans le sentier qui conduisit à l'échafaud de 93...?

Et n'est-ce pas également *calomnier les ministres* que de dire qu'en attaquant des concussionnaires, on attaque le gouvernement... car nous croyons pouvoir le dire à la face du pays, il ne nous appartient pas de juger ici la marche suivie par les collègues de M. Nothomb... mais nous en sommes certain, personne ne s'avisera de proposer, de fouiller dans les poches de M. De Theux, dans les poches de M. De Raikem .. dans les poches de M. Demaisières... et cependant n'est-ce pas les affilier, ces ministres, aux voleurs de nos chemins de fer... les rendre complices solidaires... n'est-ce *pas les calomnier* que de dire qu'en attaquant *des voleurs*, nous attaquons le gouvernement...

Et n'est-ce pas enfin *compromettre le repos public* que de dire qu'en démasquant et en attaquant les voleurs du trésor, *c'est le gouvernement que l'on attaque...?* car l'étendue des maux de la patrie, les progrès de la détresse générale des classes industrielles... viennent encore d'être mis à nu sous un triste et lugubre jour... dans le procès des accusés du 2 octobre... Augmenter d'une manière quelconque les charges publiques,... ce serait réduire au désespoir... ce serait amener sur le terrain de l'émeute...

non-seulement les ouvriers de Gand... non-seulement les quatre cent mille
tisserands des Flandres destinés pour Madagascar... mais ce serait amener
sur ce terrain... et dans un avenir peu éloigné, la moitié de la Belgique...
demandant du pain ou la mort!... Et cependant ces charges publiques, il
faudrait bien les augmenter, pour combler les vols commis par Nothomb
et ses complices... et les vols commis dans le département de la guerre...
s'il ne se trouvait des hommes prêts à *empoigner* sans façons *les infâmes* pour
faire rentrer au trésor les capitaux qu'ils ont délapidés... c'est donc non-
seulement *calomnier* des citoyens qui se dévouent dans l'intérêt du bien
public; mais c'est compromettre le repos et l'ordre que de chercher à
dénigrer leur entreprise en les représentant comme attaquant le gouvernement.

Et n'est-elle pas compromise *la morale publique*, là où les citoyens qui
démasquent des concussionnaires et des voleurs, sont réputés attaquer le
gouvernement? La morale publique n'est-elle pas perdue, là où le peuple
voit sous ses yeux les grands coupables, marcher la tête haute et fière,
bravant les lois qui n'ont de force que contre les faibles et les malheureux... et que nous représentent donc, si non ce degoûtant et immoral
spectacle..... de récentes promotions de commandeurs..... et d'ambassa-
deur..... Ah! tenez-le-vous pour dit... ministres de Dieu... si vos efforts ne
viennent se joindre aux nôtres pour mettre un terme à ces infâmies...
bientôt il sera trop tard... la Belgique, qui, de tout temps, fut une terre
de religion... et de morale... aura elle aussi perdu et sa foi et sa morale...
et elle n'offrira plus comme la France, que le spectacle d'une malheureuse
gangrenée et livrée sans frein à toutes les passions... malheur à vous alors...
vous prêcherez dans le désert.

Mais qu'il me soit permis de l'espérer, je crois m'être trompé en pré-
voyant que mes révélations seront considérées comme attaques contre le
gouvernement : et mes préoccupations à cet égard ne sont que la suite de
l'indignation et de la douleur qu'ont excitées parmi tout ce qui existe
en Belgique de citoyens généreux, l'affaire du *Lynx*, et l'impunité de
Vleminckx et de ces complices... ce sont ces deux immenses fautes du gouvernement... ce sont ces deux exemples si dangereux *d'immoralité publique* qui ont accrédité dans le pays cette désolante doctrine, qu'attaquer
un concussionnaire quelconque, attaché au gouvernement, c'était attaquer le gouvernement même et attirer sur soi toute la vindicte de ses
agens.

Et en effet : *malgré et nonobstant le respect dû à la chose jugée*, la con-
damnation du *Lynx* n'a convaincu personne... elle n'a fait que rendre
plus accablantes aux yeux du public les accusations de la feuille bruxel-
loise... Car ces accusations étaient basées sur des faits si certains, si positifs, que pour confondre les accusés... il suffisait de suivre dans cette
affaire la marche toute ordinaire dans les affaires d'accusation de vol.....

Les concussionnaires, pas plus que les voleurs ordinaires, ne prennent pour commettre leurs crimes... un notaire et des témoins... Le crime... le vol constaté..., le magistrat chargé de venger la société et d'appeler sur les coupables la vindicte des lois, le procureur du roi, met les juges et les jury sur la trace de la conviction du fait... il recherche *les dépenses... les acquisitions faites par les accusés*... il les suit à la piste, pas à pas, jusqu'à ce qu'enfin qu'il soit arrivé sur le crime au point de conviction où il est permis à la justice humaine de prononcer!... Et si cette marche toute ordinaire, si cette marche que nous voyons journellement suivre loyalement et fidèlement par de simples substituts, par *M. Faider* entr'autres, eut été suivie par l'avocat-général *De Bavay*... la Belgique entière le sait... ce n'est pas le *Lynx* qui eut été condamné... Mais la conduite de ce magistrat dans l'affaire du *Lynx*, aussi bien que son inaction après l'acquittement de M. Bartels, à Namur, acquittement qui eut dû être suivi de l'arrestation immédiate et de la mise en accusation de Vleminx... fut un scandale pour la Belgique... elles mettent De Bavay sur le rang de ces juges espagnols qu'on nous peint de connivence avec les bandes de voleurs et d'assassins qui infestent parfois ce pays... et c'est De Bavay qui, en paralysant le cours *de la justice humaine* dans ces deux causes, a réduit jusqu'ici la Belgique à invoquer *la justice de Dieu* sur les voleurs de son armée, sur les assassins de ses soldats. Mais prenez-y garde, De Bavay... si mes révélations me conduisent vis-à-vis de vous... ma voix, je l'espère, aura été entendue par mes compatriotes... L'élite du barreau de Gand daignera, qu'il me soit permis de le croire, se charger de ma défense... Vous aurez en face les fils de ces Gantois qui firent rouler les têtes d'Hugonet et d'Imbercourt... et qui sauront appeler sur la vôtre la vindicte de nos lois, si dans cette affaire encore... vous *bronchiez dans le droit chemin*.... pour vous constituer ici comme là, en magistrat prévaricateur dans ses fonctions... en Laubarmont de la Belgique.

Mais il n'est pas trop tard... constituons une *Association nationale ayant pour objet de faire rendre gorge aux Vampires du Ministère de la Guerre et des Travaux publics, et de faire servir la proie que nous leur aurons arrachée à l'achèvement de nos chemins de fer*... Les capitaux que nous pourrons encore recouvrer suffiront à ce but... je le prouverai... Pétitionnons pour la revision du procès *du Lynx*... pour que l'affaire *Bartels* contre Vleminx soit portée devant ses juges naturels, devant le jury.... Sachons nous faire entendre du roi avec cette franchise intrépide des Belges.... Quant à moi, je me charge de nos Shinderhannes du railway national... reveillons l'esprit, la morale publique outragée... guerre aux misérables qui ont exploité notre malheureuse patrie, au Ministère de la Guerre, et au Ministère des Travaux publics....!

POLÉMIQUE

SUR LES ARTICLES DU *MESSAGER DE GAND,*

INSÉRÉS DANS LE PREMIER CHAPITRE DE CET ÉCRIT.

Extrait du Messager *du* 1er *avril* 1840.

M. Regnier-Poncelet, directeur gérant de la société de St-Léonard à Liége, nous adresse la lettre ci-dessous, que nous avons communiquée à M. Tack, auteur des articles sur l'administration des chemins de fer, et à laquelle celui-ci a fait une réponse qu'on lira plus bas :

Liége, le 28 mars 1840.

AU RÉDACTEUR.

Monsieur, votre numéro du 22 de ce mois me tombe sous la main, il renferme un article dans lequel je suis cité nominativement et que je ne puis laisser passer sous silence.

Vous ne craignez pas d'avancer que M. Regnier-Poncelet et d'autres constructeurs que vous citez, établissent des *prix fictifs*, comprenant les pots-de-vin qu'ils peuvent se trouver dans le cas de devoir accorder, c'est là, monsieur, une imputation odieuse et absurde. Directeur d'une société anonyme, mes livres sont contrôlés par un conseil d'administration dont tous les membres devraient être mes complices et devraient l'être sciemment. Je me borne à vous donner un démenti formel et j'entends qu'il soit mis sous les yeux de vos lecteurs par l'insertion de ces lignes dans un de vos plus prochains numéros.

Je vous préviens qu'au besoin j'userai envers vous des moyens de contrainte que me donne la loi sur la presse.

J'ai l'honneur de vous saluer.

Le *Directeur gérant,*
REGNIER-PONCELET.

Gand, ce 30 mars 1840.

A Monsieur Regnier-Poncelet, directeur de la Société anonyme de S. Léonard.

La rédaction du *Messager de Gand* me communique à l'instant votre réclamation du 28 courant contre un de mes articles sur l'administration du chemin de fer, en date du 22 courant.

Non, monsieur, je ne crains pas d'avancer et je soutiens que le prix de 36,000 francs, objet des contrats passés par l'administration du railway, avec votre maison, pour la fourniture de trois locomotives de 12 pouces aux cylindres, *sont fictifs* et comprennent les pots-de-vin à percevoir par MM. Nothomb et Cᵉ, sur ces machines. Je me réfère à cet égard *aux faits* et *aux chiffres* cités dans les articles qui ont trait à votre réclamation.

Votre démenti ne prouve RIEN, monsieur, et, comme *fournisseur* de l'administration, et ayant par conséquent intérêt à conserver *la pratique*, votre témoignage même ne saurait être considéré comme impartial dans cette affaire.

Je sais parfaitement, monsieur, que c'est au directeur de l'honorable société de St-Léonard que je m'adresse. Aussi permettez-moi de vous faire observer que vous êtes grandement dans votre tort en parlant dans votre lettre de *complices*, etc. La société de St-Léonard construit des locomotives ; donc il faut qu'elle les place : et si dans le placement de ces machines, la société de St-Léonard se trouve avoir à faire à des concussionnaires, l'intérêt, essence de ses bases constitutives, lui prescrit de se plier aux erremens de ses concurrens, fabricans de remorqueurs, tout comme le ferait un constructeur traitant en son propre et privé nom : et pour le cas qui nous occupe, ce n'est point sur la société que retombe ici le blâme, l'infamie de la manœuvre, mais c'est bien sur les administrateurs qui l'obligent à se plier à leurs exigences *pour accepter* ses produits.

Du reste, MM. de St-Léonard, j'en appelle à votre loyauté comme à celle de *tous les fournisseurs de l'administration* du railway. Ne vous constituez pas les *Cosaques* de Nothomb et Cᵉ. en venant escarmoucher contre moi : on croirait que vous avez mission d'empêcher la publication de la vérité, si poignante, si menaçante pour eux. Attendez le jour de la justice : elle aura à sévir avec trop d'éclat pour que les coupables, moi ou eux, puissent échapper à ses justes arrêts.

J'espère, monsieur, que vous et tous vos confrères vous saurez apprécier cet appel. J'ai attaqué M. Nothomb, et les exploiteurs du railway à la face du pays : c'est à eux, et à *eux seuls*, de répondre à ces attaques. — J'ai l'honneur, etc.

Désiré Tack.

Ce matin, quand ce qui précède était déjà composé, nous avons encore reçu sur le même sujet la réclamation suivante qui émane de la Maison Cockerill :

AU RÉDACTEUR.

Liége, le 27 mars 1840.

Nous lisons dans votre numéro du 22 mars, sous le titre de : *Vérité sur l'administration du chemin de fer en Belgique*, un article dans lequel on pousse l'extravagance jusqu'à dire, que le prix de vente réel des locomotives serait au maximum de 20,000 à 25,000 francs. Ce renseignement absurde n'a pas besoin de réfutation pour quiconque connaît un peu la fabrication des machines ; nous eussions donc gardé le silence, si vous vous étiez borné à avancer cette absurdité, mais à côté de l'absurdité se trouve la calomnie. Vous prétendez que les constructeurs de locomotives, parmi lesquels vous citez M. Cockerill, ont des *prix fictifs* sur lesquels seraient prélevés des pots-de-vin. Cette calomnie, nous ne pouvons vous permettre de la débiter sans contradiction, nous la démentons comme attentatoire à l'honneur et à l'intérêt de l'établissement de M. Cockerill.

Vous aurez donc à publier très-prochainement notre réclamation dans vos colonnes.

S'il vous arrivait de méconnaître l'obligation que la loi vous impose, nous ne manquerions pas d'adresser notre plainte au procureur du roi.

Nous avons l'honneur de vous saluer.

BLONDEL.

(Suivent sept autres signatures de fondés de pouvoirs et de commissaires.)

M. Tack, à qui cette dernière lettre a été également communiquée, ne croit avoir d'autre réponse à y faire que celle qu'il a faite à la lettre de M. Regnier-Poncelet, et il y renvoie. Pour nous, nous n'avons qu'une seule remarque à présenter au sujet de la polémique qui s'engage entre lui et ses contradicteurs, c'est que des raisonnemens suivis et basés sur des faits et des chiffres ne se réfutent pas par un simple démenti, par des répliques telles que celles-ci : c'est extravagant, c'est absurde.

Cela ne prouve jamais beaucoup, et cela ne prouve rien quand c'est dit par des gens dont la position n'est pas désintéressée.

Dans une pareille discussion, il faut opposer argumens à argumens, calculs à calculs, il faut prouver l'extravagance et l'absurdité. C'est dire, en d'autres termes, que les deux lettres de Liége que nous reproduisons ne nous paraissent nullement concluantes, et nous sommes persuadés que tel sera aussi l'avis du public attentif et impartial.

⁂

Extrait du Messager du 5 avril 1840.

Voici la lettre de M. Masui que nous avons mentionnée hier :

AU REDACTEUR.

Bruxelles , le 31 mars 1840.

Monsieur, le 11 décembre 1837, un homme qui implorait l'appui de M. le ministre des travaux publics lui écrivait : « Faible roseau, être malheureux, je viens implorer la protection spéciale de Votre Excellence. » Le 19 juillet suivant il ajoutait : « Ma confiance dans la sollicitude et la justice personnelle de Votre Excellence est mon principal soutien. » Vers les premiers mois de l'an 1839, cet homme disait dans une brochure : « J'ai une confiance large dans le nouveau directeur du chemin de fer, qui est bien , dans toute l'étendue du mot, l'homme de la chose pour le railway belge. » Le 10 janvier 1840, ce solliciteur revenait encore à la charge, sous le patronage d'un représentant, en demandant un emploi au chemin de fer.

Malheureusement cet homme est disgracié de la nature et sa parole est inintelligible; de plus ses prétentions visaient à un poste élevé qui n'est aucunement vacant ni sur le point de l'être. On fut donc obligé d'écarter sa demande.

Dès ce moment tout change de face : en moins d'un mois, le faible roseau, grandi, élève une tête menaçante ; l'humble solliciteur injurie tout à coup ceux-là même qu'il encensait; sa voix accuse de vol et d'incapacité les chefs sous lesquels il aspirait à servir. En sorte que, d'une main, il écrivait des notes diffamatoires, de l'autre il rédigeait des pétitions adulatrices ; convaincu que d'infâmes concussions déshonoraient l'administration des chemins de fer, il sollicitait, presqu'à genoux, la faveur d'y entrer.

Cet homme, c'est M. DÉSIRÉ TACK, de Gand. C'est celui qui s'est posé votre collaborateur dans de récentes attaques contre l'administration des chemins de fer.

Je vous requiers, monsieur le rédacteur, aux termes de la loi sur la presse, d'insérer ma présente lettre dans votre plus prochain numéro, afin que vos lecteurs ne soient pas dans l'ignorance sur la source et la moralité de vos articles.

Je vous annonce en outre que je me réserve d'user des mêmes droits pour examiner le fond des attaques dont vous jugez convenable de vous rendre l'organe.

Je me borne à vous citer aujourd'hui, quant aux locomotives, le passage suivant du rapport du comité spécial du parlement anglais, rapport publié dans le dernier ouvrage de M. Tell Poussin, auteur dont M. Tack lui-même a invoqué l'autorité :

« On doit en outre prendre en considération que le prix d'achat des locomotives a toujours été en augmentant depuis l'époque où on pouvait se les procurer pour 25,000 fr. ; que ce prix a été successivement de 30,000 fr., 35,000 fr. et 40,000 fr. ; qu'enfin les locomotives en usage sur le railway du Great-Western coûtent de 46,000 à 55,000 fr. ; que de plus, la pratique avait démontré que l'exploitation d'un chemin nécessitait un plus grand nombre de locomotives qu'il n'avait été supposé dans le principe ; qu'en conséquence les dépenses du matériel ont dû être beaucoup plus fortes. »

(*Notice sur les chemins de fer anglais par le major G. T. Poussin, Paris*, 1840, *chez L. Mathias, quai Malaquais, 15, p.* 180-181.)

A l'appui de ces faits je ferai insérer en entier dans votre journal les textes des prospectus des fabricans de locomotives, notamment de Philadelphie.

Le directeur de l'administration du chemin de fer en exploitation,

MASUI.

A cette lettre, dont nous lui avons fait part, M. Tack répond ce qu'on va lire :

Gand, le 3 avril 1840.

A M. Masui, directeur-général des chemins de fer en exploitation.

Monsieur,

La rédaction du *Messager* me communique à l'instant votre lettre du 31 mars, qui lui a été signifiée par huissier, formalité qui était parfaitement inutile ; car, monsieur, ma réplique à vos assertions était bien trop facile, pour que l'insertion de votre lettre pût subir le moindre retard.

Dans cette missive, M. le directeur, et sans doute, dans la charitable intention de *m'écraser* aux yeux du public, vous n'hésitez pas à recourir *au mensonge, à la calomnie*. En voici les preuves :

Je suis breveté depuis 1837 pour le *régulateur spécial de la soufflerie* des locomotives, invention dont l'importance est aujourd'hui si bien sentie, qu'en France et en Angleterre on est à la recherche de cet organe ; dans sa séance du 23 novembre dernier, l'Académie royale des Sciences de Paris a reçu encore à cet égard une communication de la part de deux ingénieurs, connus par un important travail sur les locomotives, MM. Etienne Flachat et Pétiet. Eh bien ! de vaines, d'inutiles démarches ont été faites par moi *depuis 1837*, pour obtenir même l'essai de cette invention, et *les lettres écrites par moi directement* au ministre, lettres dont vous citez des expressions, avaient pour but, non de *solliciter un emploi*, comme vous l'avancez, mais bien d'obtenir l'essai et l'application de mon régulateur. *Je vous défie de prouver le contraire :* et, si dans ces lettres j'ai donné à M. Nothomb, traité quelquefois *tout court* de Nothomb dans les articles du *Messager*, le titre d'*excellence*, c'est parce que je croyais et que j'ai cru jusqu'à ce jour que c'était l'usage en écrivant aux ministres. Donc, en *dénaturant* sciemment le but de mes lettres au ministre, *vous mentez*, M. le directeur, et l'*intention de ce mensonge* implique le caractère de la *calomnie*.

Il est également *faux* et *mensonger*, que le 10 janvier j'aie sollicité un emploi sous le patronage d'un représentant. Toutes mes démarches se sont bornées à solliciter, par un de mes parens, l'appui de ses amis dans la chambre pour obtenir une favorable issue *à la pétition que M. Delehaye a présentée pour moi à la chambre*, aux fins qu'il soit fait droit à mes réclamations contre les nouvelles ordonnances sur la police des machines à vapeur ; et cette pétition, avec deux de mes brochures, avait été déposée par M. Delehaye sur le bureau dès les premiers jours de décembre. Ainsi, autre *mensonge*, où la méchanceté de l'intention implique également la *calomnie*.

Le 31 janvier 1839, je reçus de vous, M. le directeur, une lettre, dans laquelle, en m'accusant réception d'un exemplaire de mon Traité complet sur les explosions, vous me disiez : « *Vous savez, monsieur, que si je puis vous être de quelqu'utilité j'en saisirai l'occasion avec empressement.* » Oh, pour le coup, dans la bonhomie de mon cœur, je fus pris à ces paroles ; je crus que justice allait m'être enfin rendue... et dans ma réponse, *en sollicitant de vous l'application de mon régulateur et de mes appareils de sûreté* aux locomotives, je vous demandai en même temps une place secondaire d'ingénieur mécanicien au chemin de fer,... et l'application de mes inventions, et cette place, je la demandais, à vous M. Masui, qui veniez de m'écrire que *vous puisiez d'utiles renseignemens dans ma brochure ; et que vous saisiriez avec empressement l'occasion de m'être utile.* La lettre resta sans réponse. Votre missive du 31 janvier 1839, n'aurait-elle été qu'un piège, un leurre ?... Toutes les démarches que j'ai faites depuis auprès de vous, démarches, *dont l'unique but* a été d'obtenir l'application de mes appareils, et je *vous défie de prouver le contraire*, ont été également *sans résultat.* J'aurais dû me les épargner ; car aujourd'hui, moi, comme tous les auteurs d'inventions utiles pour le railway, nous ne savons que trop bien que votre administration s'est érigée en *franc-maçonnerie...* où pour obtenir un résultat quelconque, il faut être *frère, fils* ou *cousin* de frère et d'initié aux mystères. — Et qu'importerait, du reste, au pays, M. le directeur, si c'est le dépit, si c'est la colère, si c'est la soif de vengeance qui ont mis à Désiré Tack la plume à la main pour dévoiler *les opérations occultes* de cette *franc-maçonnerie* constituée par les chefs de l'administration du railway national ?... Ces chefs, je ne les ai jamais encensés, comme vous le prétendez, voyez *ma lettre sur Simons et De Ridder*, *insérée dans le Messager du 18 mai* 1838... Et si aujourd'hui j'attaque les dilapidateurs, les concussionnaires qui se trouvent dans les rangs de ces notabilités administratives, c'est parce que JE N'AI PU LE FAIRE PLUS TÔT : car le compte-rendu du 12 novembre n'a été *livré au public* que vers le commencement de février ; et ce ne fut qu'alors, en me procurant la seconde édition, que je me trouvai franchement à même d'en entreprendre le contrôle.

Ainsi retombe d'aplomb sur vous-même, monsieur le directeur, l'échafaudage de mensonges calomnieux sous lesquels votre lettre du 31 mars avait *pour but de m'écraser.* — Du reste, je ne répondrai plus à d'aussi misérables attaques, et le public n'en sera point la dupe.

Les faits, les faits seuls doivent désormais être la réponse de l'administration à mes allégations.

Votre missive du 31 mars se termine par *la promesse de faire insérer en entier dans les colonnes du Messager* les textes de prospectus des fabricans de locomotives, notamment de Philadelphie. Dans l'intérêt de la vérité et de la justice, je vous prie, monsieur le directeur, de vouloir remplir au plus tôt cette promesse. Vous verrez le parti que je tirerai de ces prospectus pour *les faire servir à l'appui de mes allégations*, et démontrer en même temps que le passage de Tell Poussin relaté dans votre lettre, n'infirme EN RIEN mes articles du 22 mars et suivans, sur les locomotives.

Un dernier mot pour le moment, M. le directeur. Je vous remercie de la délicatesse avec laquelle vous insinuez dans votre missive que ma parole est inintelligible. Eh ! tous ceux dont j'ai l'honneur d'être connu savent cela : tous savent que je suis un malheureux maltraité par la nature et maltraité par la fortune... Mais soyez tranquille, M. Masui, si ma parole paraît *inintelligible* pour l'administration de nos railways, ma plume ne le sera point : Demain le *Messager* vous donnera une nouvelle preuve que je saurai remplir jusqu'au bout la mission que je me suis imposée dans l'intérêt du pays, et que je saurai la remplir en vrai Gantois, *au caractère dur et persévérant*, marchant sans broncher, et fidèle à la devise : *Fais ce que dois, advienne que pourra*.

J'ai l'honneur d'être, etc.   DÉSIRÉ TACK.

M. Masui annonce qu'il entamera le fond même des articles de M. Tack. Il nous semble qu'il eût mieux fait de commencer par là et de se borner uniquement à ce genre de discussion.

Les récriminations n'ont jamais rien prouvé, et celles qui figurent dans la lettre de M. le directeur de l'administration du chemin de fer sont en outre pitoyables et odieuses en même temps. Un homme se pose en accusateur; il raisonne, il discute, il se livre à des calculs, et on lui répond : Vous êtes difforme et vous avez humblement sollicité des places. Ce sont là de petits moyens, une bien triste vengeance, et cela n'a aucune valeur d'argumentation.

Eh ! mon Dieu, M. Désiré Tack aurait toutes les difformités imaginables, il serait le plus plat des solliciteurs, que cela n'affaiblirait en rien l'exactitude de ses chiffres et la force de ses argumens. Ce n'est point par des injures personnelles que l'on renverse les uns et qu'on réfute les autres.

Puis, M. Tack prouve que les récriminations, en ce qui concerne ses demandes d'emplois, ne sont fondées que sur des faits faux ou perfidement présentés.

Nous le dirons avec franchise, en voyant une pareille lettre revêtue de la signature de M. Masui, nous avons été saisis d'étonnement. À coup sûr elle n'est pas digne de la réputation avec laquelle cet administrateur est arrivé au poste élevé qu'il occupe. Cette lettre est-elle bien de lui? n'émane-t-elle pas plutôt de M. Nothomb ou de quelqu'un de ses affidés?

Quoi qu'il en soit, nous espérons bien que les lettres qui nous seront envoyées à ce sujet, soit par M. Masui soit par tout autre, seront pures des taches qui souillent celle que la loi nous force de publier aujourd'hui.

*Comparution de l'auteur devant le juge d'instruction de l'arrondisse-
ment de Bruxelles.*

(Extrait du *Messager* du 8 avril.)

Ainsi que nous l'avons annoncé, MM. Tack et Backeljau ont subi hier
un interrogatoire devant le juge d'instruction de l'arrondissement de
Bruxelles.

Ce n'est pas sur le fond même des articles de M. Tack que les administrateurs de la Société de Saint-Léonard provoquent des poursuites; ils
fondent leur plainte en calomnie sur un passage de la lettre par laquelle
l'ingénieur-mécanicien de Gand a répondu à leur réclamation adressée
au *Messager*. Ce passage est ainsi conçu :

Non , monsieur, je ne crains pas d'avancer et je soutiens que le prix de 36,000 fr.,
objet des contrats passés par l'administration du railway, avec votre maison, pour la
fourniture de trois locomotives de 12 pouces aux cylindres, *sont fictifs* et comprennent les pots-de-vin à percevoir par MM. Nothomb et C°, sur ces machines. Je me
réfère à cet égard *aux faits* et *aux chiffres* cités dans les articles qui ont trait à votre
réclamation.

M. Tack a déclaré être l'auteur de la lettre où se trouve le passage in-
criminé. Il a ajouté qu'il n'a pas entendu attaquer la Société de St-Léonard ni aucun autre constructeur de machines, mais bien l'administration
du chemin fer qui force les constructeurs de locomotives à passer par des
arrangemens qui lui assure d'énormes pots-de-vin.

Avant de se retirer, M. Tack a remis à M. le juge d'instruction un écrit
dans lequel il proteste contre la mesure qui l'enlève arbitrairement à ses
juges naturels. Cette pièce a été paraphée par lui et par ce magistrat.

L'interrogatoire de M. Backeljau a été de pure forme.

La plainte de la société de St-Léonard est signée par M. Ch. de Brouckere,
l'ex-ministre sous l'administration duquel fut conclu le fameux marché
Hambroeck.

Extrait du Messager *du 13 avril* 1840.

M. Masui, directeur de l'administration des chemins de fer en exploitation , nous a adressé, ainsi que nous l'avons annoncé hier, une nouvelle
lettre sous prétexte de répondre aux articles de M. Tack. Comme la première, cette seconde lettre nous parvient par ministère d'huissier. Nous
la publions uniquement pour nous conformer aux prescriptions de la
loi, dont la rigueur est encore exagérée par certains juges. Nous la faisons
suivre de la réplique de M. Tack. Voici l'une et l'autre de ces pièces :

AU RÉDACTEUR.

Monsieur, la lettre du 3 avril que M. Désiré Tack a fait insérer dans votre journal, et dans laquelle il m'accuse gracieusement de mensonge et de calomnie, exige de nouvelles explications de ma part; je viens donc vous prier, et au besoin vous requérir, de les consigner dans un de vos plus prochains numéros.

Je disais, dans ma lettre du 31 mars, que « le 10 janvier 1840, ce solliciteur revenait encore à la charge sous le patronage d'un représentant, *demandant un emploi au chemin de fer?* et M. Tack n'a pas craint de nier le fait. Il est *faux* et *mensonger*, dit-il, que *le 10 janvier j'aie sollicité un emploi sous le patronage d'un représentant.* Toutes mes démarches se sont bornées à solliciter, par un de mes parens, l'appui de ses amis dans la chambre pour obtenir une favorable issue à la pétition que M. Delehaye a présentée pour moi à la chambre, aux fins qu'il soit fait droit à mes réclamations contre les nouvelles ordonnances sur la police des machines à vapeur; et cette pétition, avec deux de mes brochures, avait été déposée par M. Delehaye sur le bureau, dès les premiers jours de décembre. Ainsi autre mensonge, où la méchanceté de l'intention implique également la calomnie. »

J'ignore ce que M. Delehaye peut avoir fait à la chambre, dans l'intérêt de M. Tack, mais je maintiens qu'à la date du 10 janvier 1840, celui-ci a sollicité *un emploi au chemin de fer*, par l'entremise d'un M. Stobbelaers, son oncle, et M. le baron Van den Broucke de Terbecq, membre de la chambre des représentans. Les lettres de ces deux messieurs, qui reposent aux archives du ministère des travaux publics, ne laissent aucun doute à cet égard; elles sont ainsi conçues :

Lettre de M. Stobbelaers à M. Van den Broucke de Terbeck.

Lebbeke, le 10 janvier 1840.

Monsieur le baron,

La bienveillance inaltérable dont vous avez fait preuve depuis nombre d'années envers plusieurs sollicitans dignes de se mettre sur les rangs, pour l'obtention de quelque fonction, et dont, j'en ai la conviction intime, le gouvernement n'a eu qu'à se louer de leur nomination, m'enhardit encore à solliciter votre puissant appui pour *le placement* de mon neveu, ingénieur-mécanicien breveté, très-recommandable.

Désiré Tack, né et domicilié à Gand, jeune homme d'un âge mûr, dont les moralité et capacités sont connues, ne fut point favorisé de la nature sous le seul rapport qu'il naquit avec un bec de lièvre, ce qui lui rendit, de tout temps, la prononciation assez difficile à l'entendement, pour ceux qui n'y sont pas accoutumés; sous tout autre rapport, il est on ne peut mieux constitué.

Fils de bonne maison mercière, il fit de solides études et s'y distingua de bonne heure, mais il perdit tout jeune son père et peu d'années après, la meilleure des mères; toujours appliqué à l'étude, de son propre chef, et sans l'aide de qui que ce soit, il pénétra en peu d'années dans tous les secrets de la mécanique, et surtout des machines à vapeur; dès 1833 il confectionna en maître expérimenté, des instructions scientifiques estimées, et lorsque notre pays fut doté d'un chemin de fer, il consacra tous ses instans à étudier et perfectionner de plus en plus le mécanisme des machines à vapeur et la construction des railway; il y fit des progrès immenses et si ses talens eussent été mis à profit par le gouvernement, il devait en résulter une grande économie dans les dépenses de construction, mais il fut, à ce qu'on dit, constamment tenu à l'écart par l'envie.

Sans vouloir appuyer davantage sur le mérite de l'ingénieur-mécanicien Tack, je joins ici deux brochures dont il est l'auteur; durant les années 1833 et 1834, il fit encore des ouvrages dans le même genre.

Les causes qui ont pu écarter un homme d'une spécialité aussi précieuse que M. Tack, *de tout emploi dans l'administration des chemins de fer*, ne peuvent donc avoir été que des personnalités, préjudiciables au gouvernement ; je pense qu'il suffira d'une bonne recommandation pour amener une prompte réussite ; en attendant cet heureux moment je reste avec respect, monsieur le baron, votre très-humble serviteur.
(Signé) STOBBELAERS.

Lettre de M. Van den Broucke de Terbecq, au ministre des travaux publics.

Termonde, le 12 janvier 1840.

Monsieur le ministre,

M. Stobbelaers, notaire, et ancien bourgmestre de la commune de Lebbeke, arrondissement de Termonde, vient de me prier de vouloir bien appuyer auprès de vous, monsieur le ministre, son neveu, le nommé Désiré Tack, ingénieur-mécanicien, né et domicilié à Gand, ainsi qu'il en conste par la lettre ci-jointe. Je prends en même temps la liberté de joindre à la présente les deux brochures dont M. Tack est l'auteur; j'espère, monsieur le ministre, que vous voudrez bien entendre à cet égard M. Masui, directeur du chemin de fer, afin que, sur son rapport, qui je n'en doute pas, lui sera favorable, vous veuillez bien, vu les connaissances spéciales de cet ingénieur-mécanicien, *le faire nommer à un emploi dans l'administration*. Oserais-je vous prier, afin d'encourager le pétitionnaire, de vouloir me faire donner un mot de réponse.

Je vous prie, monsieur le ministre, d'agréer l'assurance de ma plus haute considération.
(Signé) B. VAN DEN BROUCKE DE TERBECQ.

Je n'ai donc pas fait, comme le dit M. Tack, « *un mensonge où la méchanceté de l'intention implique la calomnie*, » en affirmant qu'il avait sollicité un emploi au chemin de fer, le 10 janvier 1840, sous le patronage d'un représentant, puisque ce fait est prouvé par les deux lettres qui précèdent. M. Tack est donc un solliciteur désappointé, qui écrit contre ceux qui lui ont refusé une place ; et sous ce rapport sa véracité est déjà plus ou moins suspecte; mais elle le devient bien davantage en présence de la dénégation téméraire qu'il a consignée dans sa lettre du 3 avril, et qui est démentie par la lettre de son oncle et par celle du représentant qu'il a mis en jeu.

Malgré l'enquête du parlement anglais qui constate que le prix des locomotives s'est élevé successivement à 30,000, 35,000 et 40,000 francs, M. Tack trouve bon de maintenir ses accusations, et il prétend les justifier par les prospectus des fabricans américains. Or, voici ce que porte à cet égard le prospectus imprimé de la maison Baldwin, Vail et Heusty, de Philadelphie, que M. le chevalier De Gerstner a envoyé à M. le ministre des travaux publics, par une lettre datée de Philadelphie le 1ᵉʳ novembre 1839 :

Les machines et locomotives sont de trois classes différentes livrées à bord d'un vaisseau à New-York, Philadelphie ou Baltimore aux prix suivants :

Iʳᵉ CLASSE. — *Prix 8000 dollars (ou 42,800 fr.)*

Diamètre des cylindres, 12 1/2 pouces.

Coup du piston, 16 pouces.

Poids avec l'eau et combustible, 26,000 livres.

Poids sans eau et combustible, 20,250 livres.

2me CLASSE. — *Prix*, 7,500 *dollars* (ou 40,125 fr.)

Diamètre des cylindres, 12 pouces.
Coup du piston, 16 pouces.
Poids avec l'eau et combustible, 23,000 livres.
Poids sans eau et combustible, 19,000 livres.

3me CLASSE. — *Prix*, 6,500 *dollars* (ou 34,775 fr.)

Diamètre des cylindres, 10 1/2 pouces.
Coup du piston, 16 pouces.
Poids avec l'eau et combustible, 20,000 livres.
Poids sans eau et combustible, 17,400 livres.

On voit donc que le prix courant de Philadelphie pour les machines de 12 pouces qui vont donner lieu à un débat judiciaire est de 40,125 francs. Si nous en retranchons 3,800 fr., pour les tenders, prix auquel la Société de St-Léonard en a entrepris la fourniture, il reste pour la locomotive, tender non compris, 36,325 fr. ; de sorte que le prix, côté au prospectus imprimé de Philadelphie, est supérieur à celui de la dite société. Que devient alors le pot-de-vin considérable stipulé au profit de MM. Nothomb et compagnie ?

On voit également par ce prospectus que le prix courant des machines de 10 pouces et demi, à Philadelphie, est coté à 34,775 fr.; de sorte que la locomotive revient, tender non compris, à 30 ou 31,000 francs; et M. Tack, pour se donner le plaisir de signaler de prétendus pots-de-vin, soutient, dans son article du 21 mars n° 82, que des locomotives de 11 pouces, employées sur les railway américains, ne reviennent qu'à 21,000 fr. Il n'est pas bien difficile, en réduisant aussi arbitrairement le prix véritable, de créer des vols et des concussions.

*Le directeur de l'administration des chemins de fer
en exploitation,*   MASUI.

Bruxelles, 7 avril 1840.

————

Gand, le 10 avril 1840.

A M. Masui, directeur-général des chemins de fer en exploitation.

J'en aurais long à dire, monsieur, sur l'inconvenance, l'inefficacité et l'indélicatesse du système de défense dans lequel vous persévérez ; mais par amour de la concision et pour éviter les redites, je me réfère là-dessus aux réflexions déjà faites tant par moi que par le *Messager de Gand*, et répétées par la plupart des journaux de la presse indépendante, véritables organes du sentiment public en cette occasion, et je vais directement aux faits.

J'avais dit dans ma lettre du 3 courant qu'il est *faux* et *mensonger* que le 10 janvier 1840 j'eusse sollicité un emploi au chemin de fer par l'intermédiaire d'un représentant, etc... JE MAINTIENS CETTE ALLÉGATION DANS TOUTE SON ÉTENDUE. Pour la combattre vous mettez en avant un moyen bien odieux et qui me fait rougir pour vous, M. Masui. Vous vous appuyez d'une lettre qu'aurait écrite au 10 janvier dernier, mon oncle Stobbelaers, notaire à Lebbeke, à M. le baron Van den Broucke de Terbecq, commissaire du district de Termonde, et en produisant cette lettre, vous me placez dans l'alternative ou bien *de démentir mon oncle*, ou bien de démentir *ma propre lettre du 3 avril!* Cela n'est ni généreux ni loyal, M. Masui.

Et cependant je ne bronchera ipas, M. le directeur-général ; l'intérêt de la vérité, et non point l'intérêt de ma position personnelle, me force à désavouer cette lettre de mon oncle Stobbelaers, sur laquelle du reste je ne m'appesantirai pas ici. Je me bornerai à vous faire observer, Monsieur, que si mon oncle Stobbelaers *a transformé en une demande de place*, les démarches que je l'avais prié de faire pour moi, démarches dont l'unique but était celui mentionné dans ma lettre du 3 avril, *il l'a fait à mon issu, et qu'il ne peut l'avoir fait que par mésentendu :* la personne qui s'était chargée de ma commission, en présence de témoins, n'avait aucunement cette mission-là. Du reste une lettre de mon oncle Stobbelaers, en date du 28 janvier, que j'ai sous les yeux, prouve qu'au moins j'ignorais complètement l'existence de sa lettre datée du 10 janvier. Je le répète donc, M. Masui, il est *faux* et *mensonger* que j'aie sollicité le 10 janvier une place par l'intermédiaire d'un représentant.

Mais encore une fois, monsieur, lors même que je serais *le solliciteur désappointé* que vous vous efforcez tant de montrer en moi au public, qu'en résulterait-il en faveur de l'administration du chemin de fer, ou bien contre moi dans la question qui se débat ? Qu'y a-t-il de commun entre mes désirs, mon ambition personnelle et l'exactitude de mes chiffres et de mes raisonnemens ? Détruisez, si vous le pouvez, la force de ces derniers, c'est le seul moyen de justifier ceux que j'accuse. Tant que vous vous efforcerez de prouver que je suis un coureur de places, vous n'aurez rien fait pour eux. D'ailleurs, je dois le répéter, je ne suis pas aussi avide de places que vous le soutenez, et je suis loin d'avoir fait toutes les démarches que vous m'attribuez. Une seule fois, ainsi que je l'ai dit dans ma lettre du 3 avril courant, j'ai montré le désir d'être placé au chemin de fer comme ingénieur-mécanicien, c'est dans ma lettre du 2 février 1839, lorsque vous veniez au-devant de moi et que vous sembliez me mettre le marché à la main dans votre lettre du 31 janvier précédent. Depuis, ce que j'ai demandé, ce que je demande encore, *c'est justice*. Qu'on fasse droit à mes justes griefs contre les ordonnances sur la police des machines à vapeur développées dans ma brochure... Qu'on permette l'essai de mon Régulateur spécial de la soufflerie des locomotives... Qu'on permette l'application des manomètres perfectionnés dont, le premier, j'ai fourni l'idée et les moyens de mise en œuvre pour les locomotives ; qu'on fasse examiner mes appareils de sûreté propres à prémunir les locomotives et les machines à vapeur contre l'explosion... et je suis certain de trouver dans l'exploitation de ces fruits divers de mes études une carrière honorable, lucrative, indépendante... *Justice*, voilà donc uniquement ce que je demande, et que je ne cesserai de demander jusqu'à ce que je l'aurai obtenue.

Votre lettre du 7 courant se termine par la relation du prix actuel des locomotives anglaises d'après l'enquête du parlement, ainsi que par l'exhibition du prospectus de la maison Baldwin, Vail et Heusty de Philadelphie, pour le prix actuel des locomotives américaines. Vous rappelez en même temps que mes allégations sur le prix des remorqueurs de 12 pouces vont donner lieu à des débats judiciaires.

Je suis au regret, M. le directeur, que le fait que vous mentionnez me prive du plaisir de vous démontrer, comme je l'avais dit dans ma lettre du 3 courant, que l'enquête du parlement anglais, non plus que tous les prospectus imaginables des constructeurs américains, sur le prix actuel des locomotives en Angleterre et en Amérique, n'infirme EN RIEN, ni l'exactitude de mes articles du 22 mars et suivans sur les locomotives, ni ma réponse devant le juge d'instruction contre l'attaque de la Société St-Léonard... Vous exposer maintenant mes preuves serait *une école*... Ce sera donc pour les débats.

Du reste, M. le directeur, je n'accepte point le combat sur un point partiel de mon plan d'attaque. Ici encore, j'en appelle à la loyauté de la Société St-Léonard, et à celle de toutes les autres sociétés nommées dans mes articles ; qu'elles n'aient pas l'air de se constituer *les cosaques* de MM. Nothomb et comp. en venant attaquer un homme complétement inoffensif à leur égard.... Qu'ils laissent ce soin à Nothomb et à ses affidés, que ceux-là viennent m'attaquer, s'ils l'osent... Mais, il me faut une bataille générale, sur toute ma ligne, sur l'ensemble de mes allégations ; et, il ne dépend que de moi, sachez-le bien, M. le directeur, de vous forcer à la livrer telle en vingt-quatre heures... Un seul article me suffirait pour atteindre ce but.

J'ai l'honneur d'être, etc.

Désiré Tack.

Nous nous bornerons à dire, à propos de cette nouvelle polémique, que nous ne connaissons rien de plus pitoyable que l'argument que voici : « Vous êtes un solliciteur désappointé, donc vos calculs manquent de justesse. » Or, c'est cet argument que fait valoir M. Masui dans la plus grande partie de sa lettre.

Ensuite, ce misérable argument n'a pas même le mérite d'être bâti sur des faits incontestables ; les faits qui lui servent de base, M. Tack les conteste avec vivacité et avec une grande apparence de raison.

Quant à l'autre partie de la lettre de M. Masui, il nous serait facile, d'après les explications que nous a données M. Tack, d'en faire la réfutation. Mais nous nous en abstiendrons, parce que, comme lui, nous ne voulons pas compromettre sa cause devant le jury, en livrant niaisement d'avance ses moyens de défense à ses accusateurs.

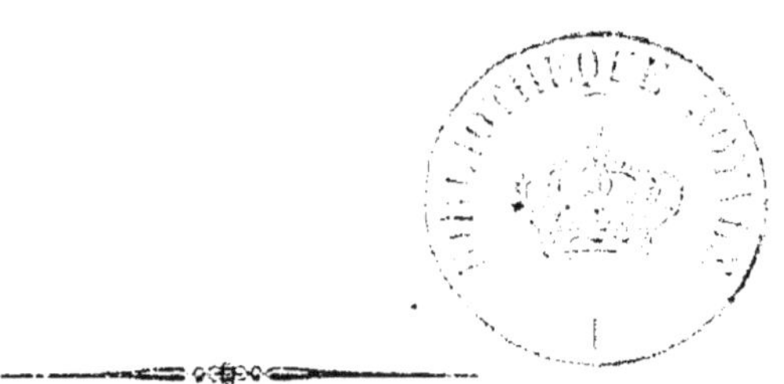

TABLEAU SYNOPTIQUE ET ANALYTIQUE

REPRÉSENTANT LES ÉLÉMENS DES DEVIS DES INGÉNIEURS AUTEURS DES PLANS ET PROJETS FORMANT LES DIVERSES LIGNES ÉTUDIÉES ET DÉCRÉTÉES DU RAILWAY NATIONAL BELGE.

LIGNES ÉTUDIÉES ET PROJETÉES PAR MM. SIMONS ET DE RIDDER, en leur mémoire sur la route et fer d'Anvers à Cologne.

Columns: (1) Totalité des terrains à acquérir et acquis en hect. — (2) Totalité pour frais d'acquisition, indemnités et l'expropriation des terrains : en bloc, francs — (3) Prix hectare, florins — (4) Par cent des fland., florins courant — (5) Pr. le corps de la route, hectares — (6) Pr. déblais ou déjets, hectares — (7) Longueur de la voie en mètres ou kilomètres — (8) Larg. moyenne du corps de la route au ras de la voie, mètres — (9) Frais d'achat et de pose en francs — (10) Longr. de la simple voie en mètres — (11) Longueur pour la voie principale — (12) Longueur d'évitem. et stations — (13) Remblais et déblais en bloc, mètres cubes — (14) Totalité des frais en francs — (15) Frais p. mètre cube en francs — (16) Stations, ouvrages d'art, etc. en francs — (17) Frais d'entretien en francs — (18) Intérêts des capitaux pendant l'exécution en francs — (19) Frais d'étude des projets en francs — (20) 1° Simpl. voie avec rails de 17 kilogr., fr. — (21) 2° Simpl. voie avec rails de 22 kilogr., fr. — (22) Totalité des frais d'établissement avec double voie : en bloc — (23) Kilom.

Lignes étudiées et projetées	(1)	(2)	(3)	(4)	(5)	(6)	(7)	(8)	(9)	(10)	(11)	(12)
...ende à Bruges	59	910,000	5,385	0 15 10	50	9	21,250	14,15	1,074,000	57,700	24,500	15,180
...ges à Gand	71	480,000	5,655	10 4 0	55	18	40,400	15,50	1,370,000	55,000	42,000	13,000
...nd à Termonde	46	355,000	7,385	15 11 7	36	19	28,540	12,70	1,959,000	44,100	30,100	13,080
...rmonde à Malines	47	826,000	6,950	12 2 5	50	11	26,750	13,16	1,082,800	57,300	37,500	9,700
...lines à Anvers	57	502,500	8,175	14 17 5	37	6	24,300	15,00	959,700	55,200	24,300	11,000
embranchement de Lierre	6	54,580	5,700	10 0 5	6	—	5,200	11,51	185,500	7,000	5,300	1,300
...lines à Bruxelles	57	255,520	7,892	13 13 6	50	7	41,700	14,74	705,700	28,700	21,700	7,000
...lines à Louvain	56	213,920	7,314	13 3 6	54	9	45,000	14,51	875,500	65,000	25,900	9,100
...uvain à Tirlemont	67	507,890	4,395	8 6 0	42	18	16,000	27,22	655,000	24,000	18,000	6,000
...lemont à Waremme	106	601,780	3,790	6 17 0	74	54	27,900	26,51	957,000	50,900	27,900	8,100
...aremme (à la Meuse) à Liège	85	421,990	4,752	8 12 5	57	54	28,400	21,50	1,105,850	44,100	26,400	17,700
...ge à Verviers	49	261,180	6,995	11 6 0	55	10	25,900	19,23	966,250	51,500	26,300	8,500
Taux et moyennes	685	5,475,940			470	163	200,280		11,738,500	410,500	206,400	119,500
Lignes étudiées et projetées par les deux ingénieurs susdits (7); voyez le Moniteur Belge du 9 mai 1838.												
section de Gand à Courtrai / de Courtrai à Tournay	175	1,150,000	6,571	11 18 6	118	57	77,000	15,32	3,605,000	95,000	77,000	18,000
Lignes étudiées et projetées par MM. Vifquain, De Hour et Noël; voir le Moniteur du 24 septembre 1837 et le Tableau 35 du compte-rendu du 12 novembre.												
branchement de l'Allée Verte aux abattoirs (8)	5,50	577,300	68,000				3,500		500,500	7,050		
section de Bruxelles à Tubise / de Tubise à Soignies / de Soignies à Mons (9) / de Mons à la frontière sur Quiévrain	170,00	1,946,540	11,449		113	57	80,390	14,68	7,155,475	174,525		
Ligne étudiée et projetée par M. l'inspecteur Vifquain et par M. l'ingénieur en chef Groeners; voir le Moniteur du 5 février 1838 et le Tableau du compte-rendu.												
section de Landen à St-Trond, dite ligne du Limbourg (10)	31,48	147,510	4,056		24,48	7	19,75	29,98	430,407	10,985		
Lignes étudiées et projetées par M. l'inspecteur Vifquain (11); voir le Moniteur du 5 juin 1838 et le Tableau 30 du compte-rendu.												
section de Tubise à Vieu-Ville		1,184,000					56,47		1,367,340	58,255		
de Vieu-Ville à Namur		1,402,400					40,97		1,793,300	45,711		
TOTAUX	1005,98	9,579,400					510,39		26,357,819	780,352		

Lignes étudiées et projetées	(13)	(14)	(15)	(16)	(17)	(18)	(19)	(20)	(21)	(22)	(23)
...ende à Bruges	100,000	100,000	0,55	181,000	28,000	80,000	5,000	1,754,000	2,103,700	3,043,130	125,541
...ges à Gand	500,000	180,000	0,55	229,000	51,860	150,000	7,000	3,043,000	3,961,000	4,833,860	121,105
...nd à Termonde	980,000	150,000	0,55	261,000	46,000	145,000	5,000	1,945,975	2,750,100	3,911,990	158,108
...rmonde à Malines	210,000	110,000	0,52	130,000	24,000	90,000	5,000	1,774,108	2,900,300	3,906,050	125,930
...lines à Anvers	160,000	85,100	0,50	259,500	25,500	73,500	5,000	1,667,000	2,187,500	3,179,700	120,851
embranchement de Lierre	85,000	6,000	0,09	50,100	4,000	10,750	1,000	251,060	372,450	585,650	112,695
...lines à Bruxelles	186,000	94,000	0,50	181,100	18,500	70,580	2,000	1,504,000	1,817,000	2,706,700	150,837
...lines à Louvain	914,000	151,050	0,70	147,800	23,750	70,700	5,000	1,485,000	1,972,500	2,942,600	125,801
...uvain à Tirlemont	572,000	565,200	0,09	775,000	72,000	255,700	9,000	2,398,000	3,944,700	5,082,700	201,304
...lemont à Waremme	1,731,000	1,505,500	0,75	174,400	76,500	290,050	9,000	5,902,000	5,721,000	4,805,000	174,560
...aremme (à la Meuse) à Liège	1,945,000	889,000	0,06	573,800	87,000	512,150	9,000	5,557,000	4,009,350	3,981,650	229,062
...ge à Verviers	171,000	107,460	0,02	847,100	111,500	157,970	5,000	2,406,000	2,907,770	4,051,970	151,975
Taux et moyennes	5,750,000	3,796,090		5,783,500	564,750	1,688,090	67,000	24,000,081	50,436,170	42,436,850	146,195
section de Gand à Courtrai / de Courtrai à Tournay		685,000		703,000	150,000	380,000	11,000		7,911,000	10,163,000	152,061
branchement de l'Allée Verte aux abattoirs (8)		43,147		240,775	98,571	50,764	1,000			1,086,057	304,508
section de Bruxelles à Tubise / de Tubise à Soignies / de Soignies à Mons (9) / de Mons à la frontière sur Quiévrain		3,745,787		3,521,825	441,689	700,400	16,000			16,600,405	201,657
section de Landen à St-Trond, dite ligne du Limbourg (10)		186,650		105,515	95,000	95,519	2,000		1,058,000	1,478,850	157,386
section de Tubise à Vieu-Ville		1,866,000		901,650	110,000		5,000		5,719,970	7,315,055	197,855
de Vieu-Ville à Namur		3,181,000		1,005,000	124,600		6,000		6,489,870	8,141,060 (12)	302,169
TOTAUX		11,589,484		10,535,145	1,424,805	2,955,350	108,000		50,085,100	87,106,927	161,152

Dressé par Désiré Tack, Ingénieur-Mécanicien, à Gand.

NOTES

AU TABLEAU SYNOPTIQUE.

(¹) L'hectare équivaut à 10,000 mètres carrés ; l'are à 100 mètres carrés ; 33 ares ou 3300 mètres font 100 verges des Flandres. La verge des Flandres équivaut à 33 mètres carrés : elle est représentée par un carré de 17,67 pieds de côté et doit correspondre à fort peu près à l'ancienne perche de Paris de 324 pieds carrés ou 18 pieds d'équarissage.

(²) Les frais d'expropriation, *par hectare*, tels qu'ils sont relatés à la case 3, reposent sur des bases larges et dont l'ample suffisance s'est trouvée confirmée par l'expérience. (Voyez à cet égard le § 2 du chapitre II).

Les expropriations ont eu lieu pour la *double voie*. Du reste, que les acquisitions de terrains telles qu'elles sont consignées aux devis, ont été bien suffisantes, *et qu'elles n'ont pu être dépassées*, c'est ce qui résulte d'une opération fort simple , savoir du quotient de la division des terrains acquis par le corps de la route en mètres carrés , par la longueur même de la route. Ce quotient consigné à la case 8 du tableau démontre que, partout, au ras du terrain , les acquisitions suffisent fort amplement pour la double voie, le plan de la route, à la base des billes ou au couronnement, ne devant avoir que 7,50 mètres au maximum ; et quant même la largeur au couronnement eût dû être de 8 mètres, les terrains acquis étaient encore parfaitement suffisans. L'on remarquera , en outre, que le *tiers* des terrains acquis , voir la case 6 du tableau , l'a été pour déblais ou bien pour dépôts, et constitue les fossés et francs-bords.

(³) En divisant les frais d'achat et de pose en bloc, par la longueur de la simple voie de rails en mètres sur les 12 premières sections, il en résulte que , d'après les devis Simons et De Ridder, la simple voie de railway , pour ces sections, serait revenue à 27-36 francs, mais avec rails de 17,50 kilogr. par mètre et coussinets de 5 1/2 kilogrammes. Depuis on a reconnu la nécessité d'employer des rails de 22 kilogr. au mètre, et des coussinets de 7 1/2 kilogr. pour cette dernière espèce de rails : le prix de revient du mètre de simple voie, assiette et tout compris, serait d'après MM. Simons et De Ridder de 41 francs , soit 41,000 francs le kilomètre : les détails de leur évaluation sont consignés au *Moniteur* du 29 septembre 1837 (*Enquête sur l'embranchement du Hainaut*). Cette évaluation est fort exagérée; nous le démontrons à l'évidence au § 5.

Pour les 14 sections étudiées et projetées par MM. Simons et De Ridder , les devis indiquent la longueur de la simple voie de rails, en bloc, affectée à ces sections. Il n'en est point de même pour les lignes étudiées par MM. Vifquain , De Moor et Noël , par MM. Vifquain et Goetaers ou bien par M. Vifquain seul : là les devis ne font simplement mention que du capital affecté en bloc à l'achat et à la pose des rails. Pour suppléer à cette lacune et faire figurer au devis des ingénieurs relatés dans ce tableau, une donnée certaine sur la longueur de simple voie de railway affectée aux diverses sections, à partir de l'embranchement de l'Allée verte aux Bogaerds, l'auteur a divisé par 41.000 les données de la case 9 : le quotient devant fournir, en mètres, la longueur de voie de railway avec rails de 22 kilogr. à intercaler aux devis des ingénieurs, à la case 10 du tableau.

(⁴) Au § 6 du chapitre II, nous aurons à signaler et nous démontrerons une erreur de plus de *trois millions de francs*, commise dans les devis de MM. Simons et De Ridder sur l'import des rails.

(⁵) La case 20 du tableau présente le résumé des devis Simons et De Ridder pour les diverses sections, avec acquisition et expropriation des terrains pour la double voie, avec terrassemens, ouvrages d'art, frais d'administration, d'intérêt et d'étude également pour la double voie, avec une simple voie de railway seulement, et rails de 17 kilogr. Pour obtenir le chiffre correspondant, mais avec rails de 22 kilogr. et coussinets proportionnels, l'auteur a ajouté à la somme représentant pour chaque section les frais d'acquisition de terrains, terrassemens, ouvrages d'art, etc., le capital représenté par les chiffres de la case 10, multipliés par 41 francs, prix du mètre courant de simple voie de railway, fourniture et poses comprises.

Pour obtenir les frais d'établissement des diverses sections avec *la double voie*, on a ajouté au chiffre de la case 2 les données de la case 7, en mètres, multipliées par 41 francs, frais supplémentaires, par mètre, pour l'établissement de la double voie.

(⁶) Le total de la case 22 divisé par celui de la case 7, fournit une moyenne de *cent quarante-six mille cent nononante-trois francs*, pour les frais d'établissement du kilomètre de railway national, sur la grande artère d'Ostende, d'Anvers et Bruxelles à Verviers, double voie, stations, terrassemens, ouvrages d'art et généralement tout compris, à l'exception du matériel des transports. Mais il est bien à observer, que dans le total de la case 22 se trouve comprise l'erreur de 3,661,300 francs, commise par Simons et De Ridder sur les rails, et signalée au § 6 du chapitre II.

(⁷) A l'époque où ils entreprirent l'étude des sections de Gand à Courtrai et de Courtrai à Tournai, MM. Simons et De Ridder avaient déjà pour eux l'expérience acquise dans l'achèvement complet de trois sections, celles de Bruxelles, d'Anvers et de Termonde sur Malines. Quatre autres sections se trouvaient, en outre, en voie d'exécution sous leur direction. Or, l'on voit que leur devis, pour le prix de revient du kilomètre, fixé à une moyenne de 132,051 francs, double voie, stations et tout compris, à l'exception du matériel des transports, ne s'éloigne guère de la moyenne que nous avons déterminée, note 6, pour les sections précédentes ; moyenne s'élevant à 134,716 francs. Elle lui est, au contraire, inférieure de 2716 francs. Que nos lecteurs veuillent bien en prendre note, nous reviendrons sur ce point dans la seconde partie de notre travail.

Aux fins de se conformer à l'usage suivi par MM. Simons et De Ridder dans leur mémoire sur la route en fer d'Anvers et Bruxelles sur Cologne, l'auteur fait figurer dans le tableau, aux sections de Gand à Tournai et comme destinés pour déblais et dépôts, le tiers des 167 hectares figurant aux devis pour l'acquisition générale des terrains, soit 57 hectares. Une opération, analogue à celle indiquée note 2, fait voir, case 8, que les 118 hectares affectés à la voie principale, permettent de lui donner, au ras du sol, une largeur moyenne de 15,32 mètres.

MM. Vifquain, De Moor et Noël ont également étudié ces deux sections. Leurs projets (voir le *Moniteur* du 9 mai 1838) sont peu différens de ceux de MM. Simons et De Ridder, mais les frais d'établissement étaient supérieurs de 589,537 francs à ceux du projet de Simons et De Ridder.

(⁸) A l'embranchement de la station de l'Allée verte à celle des Bogaerds, figure au devis de MM. Vifquain, De Moor et Noël, 46,939 francs pour frais extraordinaires. Nous les avons ajoutés, case 16, du tableau, aux frais pour ouvrages d'art et dépendances. L'embranchement jusqu'aux Bogaerds n'ayant que 3,50 kilomètres, et devant coûter d'après les devis 1,066,057 francs, doit revenir à 304,588 francs par kilomètre. Ainsi nous n'avons rien à envier à nos voisins, les Anglais et les Français : la Belgique aura aussi des railways à trois cent et quelques milles francs par kilomètre.

MM. Vifquain, De Moor et Noël, n'ayant pas indiqué dans leur devis les frais d'étude du projet, l'auteur les a évalués pour les 3,50 kilomètres, à 1000 francs, soustraits au chiffre pour frais d'administration et de conduite, porté à la case 17 pour 28,571 francs au lieu de 29,571 francs figurant aux devis.

(⁹) Aux sections de Bruxelles à Quiévrain, la somme de 3,521,825 francs figurant pour travaux d'art à la case 16, comprend : 1° 1,585,900 francs pour ouvrages d'art, 2° 190,000 francs pour dépendances du railway, loges de cantonniers, réservoirs d'eau et ponts à peser, 3° 1,015,000 francs pour stations, 4° 730,925 francs figurant aux devis des ingénieurs pour dépenses imprévues.

En outre, les ingénieurs n'ayant pas indiqué les frais d'étude de leur projet, l'auteur a évalué ces frais à 16,000 francs, et soustrait une somme égale à l'import pour frais d'administration et de conduite qui ne figure à la case 17 que pour 444,482 francs, au lieu de 460,482 fr. portés au devis.

Le tracé de MM. Vifquain, De Moor et Noël ayant été adopté par l'administration, nous ne parlerons point du tracé de MM. Simons et De Ridder pour la même ligne; on pourra se procurer des détails sur le tracé de ces deux ingénieurs, au *Moniteur* du 29 septembre 1837 et suivans, ainsi qu'au tableau 33 du compte-rendu du 12 novembre.

(¹⁰) Le devis de MM. l'inspecteur Vifquain et Groetaers ne porte que sur la simple voie de rails pour le coût de la double voie, stations, etc., tel qu'il figure case 22. L'auteur a ajouté au produit de la case 21, la longueur de cette section, multipliée par 41,000 francs, prix Simons et De Ridder, pour la voie de railway à 22 kilogr. par mètre.

Une opération analogue à celle indiquée note 2, plus haut, donne, case 8, 29 mètres et une fraction pour la largeur de la voie au ras du terrain; preuve de la plus q'uample suffisance de l'évaluation des terrains nécessaires pour l'assiette de cette route. Il est aussi à observer que la donnée de la case 16, se compose de 83,315 francs directement affectés, d'après le devis, aux ouvrages d'art; augmentés de 110,000 francs qui y figurent pour stations et dépendances. En outre, MM. Vifquain et Groetaers n'ayant pas indiqué les frais d'étude de leur projet, l'auteur les a évalués à 2000 francs pour les 10,75 kilomètres; et ces 2000 francs, il les a déduits du chiffre représentant les frais d'administration et de conduite des travaux sur cette section, frais portés pour 23,000 francs au lieu de 25,000 qui les représentent sur les devis.

(¹¹) Les devis de M. l'inspecteur Vifquain, pour la ligne de Namur, ne porte *en tout*, c'est-à-dire pour les ouvrages d'art, travaux de terrassement, etc., que sur la simple voie seulement. Pour arriver à une moyenne qui bien certainement devra se trouver de beaucoup supérieure aux frais de construction effectifs, l'auteur du tableau a pris le parti de doubler les frais pour acquisition de terrains, pour terrassemens et ouvrages d'art, tels qu'ils figurent pour les deux sections formant la ligne de Namur, d'après le détail du *Moniteur* du 3 juin 1838.

Suivant cette base, il est porté à la section de Tubise à Vieu-ville le double de 590,000, soit 1,180,000 francs pour acquisition de terrain, le double de 933,000, soit 1,866,000 francs, pour travaux de terrassemens; enfin, le double de 380,500, soit

761,000 francs , pour ouvrages d'art, augmentés de 230,430 francs pour stations et dépendances , portant le chiffre total pour ouvrages d'art sur cette section à 991,430 francs.

D'après la même base , il est porté sur la section de Vieu-ville à Namur le double de 701,200 ou 1,402.400 francs pour frais d'acquisition de terrains ; le double de 1,080,540 , soit 2,161,080 francs pour travaux de terrassement ; enfin le double de 375,500 , soit 751,000 francs pour ouvrages d'art , plus 252,000 francs pour stations et dépendances , ce qui porte le chiffre total pour ouvrages d'art sur cette section à 1,003,000 francs.

(12) Pour obtenir sur ces deux sections les frais avec la double voie, l'auteur a ajouté au chiffre de la case 21 le chiffre de la case 7, multiplié par 41,000, prix Simons et De Ridder pour la simple voie de railway.

TABLE DES MATIÈRES.

CHAPITRE III.

FIN.